星星桥特需家庭亲子阅读

社交探索教程

Social Explorers Curriculum

[美] 南希·塔希斯　　[美] 瑞安·亨德里克斯　　[美] 卡里·兹韦伯·帕尔默　　[美] 米歇尔·加西亚·温纳　著
Nancy Tarshis　　　　Ryan Hendrix　　　　　Kari Zweber Palmer　　　　Michelle Garcia Winner

石建莉　徐　健　刘　铎　主译

适合幼儿园和
小学早期的
孩子使用

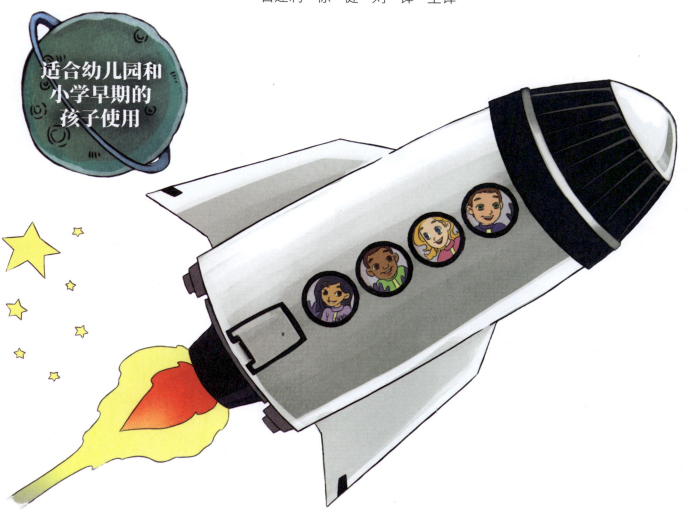

 中国出版集团有限公司

 世界图书出版公司
上海　西安　北京　广州

图书在版编目(CIP)数据

社交探索教程 /（美）南希·塔希斯等著；石建莉，
徐健，刘铎译. —上海：上海世界图书出版公司，
2023.6
（星星桥特需家庭亲子阅读 / 石建莉主编）
ISBN 978-7-5232-0277-7

Ⅰ. ①社… Ⅱ.①南… ②石… ③徐… ④刘… Ⅲ.
①社会交往−儿童教育−特殊教育−教材 Ⅳ.①G766

中国国家版本馆CIP数据核字（2023）第077475号

Social Explorers Curriculum

Ryan Hendrix, Kari Zweber Palmer, Nancy Tarshis, and Michelle Garcia Winner
Originally published in English, © 2013 by ThinkSocial Publishing Inc. Santa Clara, CA USA
www.socialthinking.com

书　　名	社交探索教程
	Shejiao Tansuo Jiaocheng
著　　者	［美］南希·塔希斯　　［美］瑞安·亨德里克斯　　［美］卡里·兹韦伯·帕尔默　　［美］米歇尔·加西亚·温纳
主　　译	石建莉　徐　健　刘　铎
责任编辑	沈蔚颖
出版发行	上海世界图书出版公司
地　　址	上海市广中路88号9-10楼
邮　　编	200083
网　　址	http://www.wpcsh.com
经　　销	新华书店
印　　刷	上海景条印刷有限公司
开　　本	787 mm × 1092 mm　1/16
印　　张	14
字　　数	250 千字
印　　数	1–3000
版　　次	2023 年 6 月第 1 版　　2023 年 6 月第 1 次印刷
版权登记	图字 09–2021–0974 号
书　　号	ISBN 978-7-5232-0277-7/G·795
定　　价	150.00 元

译 者 名 单

主 译

石建莉　星星桥特需儿童培训中心

徐　健　中国福利会/上海交通大学医学院附属国际和平妇
　　　　幼保健院儿保康复科

刘　铎　星星桥特需儿童培训中心

参译人员

吴赵敏　深圳市儿童医院儿童保健与心理健康中心

陈晓莹　深圳市儿童医院儿童保健与心理健康中心

郝　燕　华中科技大学同济医学院附属同济医院儿童保健科

胡晓琳　华中科技大学同济医学院附属同济医院儿童保健科

王姗姗　上海交通大学医学院附属新华医院临床心理科

唐丽娜　华中科技大学同济医学院附属同济医院儿童保健科

王　瑜　上海交通大学医学院附属儿童医院儿童保健科

彭晓梅　华东师范大学教育学部学前教育学系

推 荐 序

作为一名在临床一线工作逾30年的儿童精神科医生，工作中接触很多神经发育障碍或迟缓的孩子，不只是孤独症谱系障碍的孩子存在社交缺陷，其他诸如注意缺陷多动症（ADHD）、对立违抗障碍、品行障碍、学习障碍，以及没有明确障碍的诊断但表现为高智商而低"情商"的孩子，也常伴有社交缺陷。虽然我们知道社交能力是孩子发育过程中形成的非常重要的能力之一，但当我们面对一个个社交能力不能自发形成的孩子，不仅家长束手无策，即使专业人士也需要长期专业培训才能更加专业地帮助这些孩子。

1990年，在我刚进入精神科领域不久第一次看到孤独症儿童时，多数专家们认为孤独症儿童没有感情、没有社交，就像对待小动物一样用奖励食物训练他们的行为，我只是觉得困惑但没有继续进行研究；1991年，我读硕士研究生开始研究儿童气质，解释正常儿童中社交缺陷的原因之一是气质退缩，建议家长多带他们社交，但简单地将不善社交的孩子带进人群很困难，他们退缩的机制究竟是什么？除了感觉和社交知觉过度敏感还有什么？ 2002年我开始心理学博士研究，选择的课题是儿童的自我调控发展，希望从另一个角度探索儿童的行为、情绪和社交调控规律，找到帮助情绪失调儿童能自我调控的策略，尤其对于注意缺陷多动障碍、对立违抗障碍的儿童。博士毕业后至今，从缺乏感情的行为学视角到越来越意识到社交情绪对儿童乃至其一生发展有多么的重要，我孜孜以求提升儿童社交情绪的方法，希望找到有系统的干预方案。

行为学模式的训练是将儿童当作被动的操作者，虽然在有些方面的确需要如此操作而且有效，但总体比较刻板、不灵活、缺乏情感。儿童是主动的学习者，需要站在有社交缺陷儿童的角度，帮助他们成为主动思考和调控情感的社会人，提升他们的心智。而孤独症儿童，尤其那些高功能者、中或轻度孤独症儿童，不仅有情绪而且很敏感，他们最渴求的就是提高社交沟通和社交情绪能力，用什么更合适的方法能帮助他们？临床专业人员往往爱莫能助。"社交思维"这个项目对社交缺陷的孩子无疑是雪中送炭，是我多年来所期待的。

众所周知，对神经发育特殊需求孩子的康复是一个长期的、阶梯性的过程。目前在中国，针对小龄神经发育特殊需求的孩子，已经有一些循证支持的康复模式和方法。但针对学龄期的孩子，包括进入幼儿园、小学、初中和高中的孩子，可以使用的有效的社交能力构建方法却远远不足。虽然"行为认知疗法""社交技能"等少量针对学龄期孩子的部分方法引入中国，但这些方法并不能完全解决社交能力构建基础，包括社交关注、社交情景解读、换位思考、解决问题能力等。

　　《社交探索教程》正好弥补学龄期社交能力发育。它不仅提供了社交思维概念，从理论上把社交能力缺失的常见行为和情绪问题概括到一个新的理论高度。更重要的是，它提供了对应每个社交思维概念的故事和引人入胜的各种小组或集体活动。根据教程清晰的引导，专业人员和家长易于用有趣的故事教授各种社交概念；同时，教程也包括各种有助于规划教学活动的宝贵工具，如社交绘本和活动，为所有儿童的社交情感发展提供帮助，不仅有益于社交情感迟缓的儿童，也有益于普通发展的儿童，值得推荐！

张劲松

2022 年 2 月

译者序 I

非常高兴参与翻译这套书，我觉得这是一套内容翔实、概念清晰，又特别适合我国现阶段儿童发展的丛书。我也很高兴参与把儿童社交思维的培养和训练引入国内的工作。

首先，作为一名儿童保健医生，从目前儿童保健专业的临床需求来看，我觉得把儿童社交思维的培养和训练引入国内非常重要。我认为儿童社交思维的培养和训练既往在国内没有得到应有的重视。儿童保健医生会重视儿童的体格发育，观察儿童的生长曲线，分析儿童的营养喂养、睡眠和运动等情况，也会重视儿童的智能认知发育，评估儿童的语言和运动技能，对疑似有认知发育落后的儿童进行积极的评估和设定可能的干预方案。但对儿童的社交思维，包括合作共享、换位思考和同理心及相关的自我调控能力等，儿童保健医生往往不将其作为评估和观察的内容。这使得临床的儿童保健医生对儿童健康的评估还是偏"生物化"，不够综合和全面。

其次，世界卫生组织对儿童健康的定义包含三个要素：身体健康、心理健康和具有良好的社会适应能力。而拥有良好的社交思维，是儿童具有良好社会适应能力的重要方面，儿童若缺乏良好的社交思维继而也会影响儿童的身体健康和心理健康。儿童社交思维的培养当然对这方面薄弱的特定儿童群体来说是最需要的，如自闭症儿童、注意缺陷多动障碍儿童及其他有社交缺陷的儿童。

最后，实际上社交思维的培养对普通儿童来说也非常重要，因为中国之前长期实行计划生育政策，独生子女家庭的儿童缺乏玩伴，常常呈现几个大人围着一个孩子转的情况，容易形成非正常的亲子和社交互动关系。这使得儿童在社交互动中，对"我"的角色感觉较为强烈，但对"你"和"我们"的角色感觉偏模糊，集中考虑如"我要什么""我要干什么"，形成不健康的社交思维，甚至让儿童对正常的社交关系产生误解，影响儿童日后的社交思维和社会适应能力。这种影响往往是长期和深远的，对儿童未来的发展会产生很大的影响。因此，在临床对特定儿童群体和普通儿童的评估和干预中，引入社交思维内容，我觉得非常重要。

同时，我也非常希望今后有机会的话，我能把该书推荐给我教育领域的同道。我相信，一方面，作为一名儿童保健医生，我们通过门诊和科普途径，向家长普及儿童社交思维培养的重要性和方法；另一方面，医教结合，由幼儿园和中小学老师同时通过学校和课堂参与训练的方式来深入培养孩子良好的社交意识和习惯，这会对儿童的成长产生不可估量的良好效果。

　　希望该书的引入能推动国内儿童保健领域对儿童社交思维培养的重视。祝国内的小朋友们在社交思维方面发展得越来越好！

徐　健

中国福利会/上海交通大学医学院附属

国际和平妇幼保健院

2022 年 8 月

译者序 2

为什么我们要把"社交思维"引入中国？这个问题在我脑海里反复思考了好几年，借此机会总结一下。

2018年，我第一次参加线下"社交思维"培训，当时的场面历历在目。偌大的会场挤满了致力于研究神经发育特需孩子的专业人士。当然，参会人员中最多的是美国言语语言病理治疗师，因为"社交思维"项目是由一组专业的言语语言病理治疗师开发出来，即通过社交思维来改善社交语言和社交行为。当时，在训人员还有心理咨询师、社会工作者和上百位应用行为分析师。主讲者是"社交思维"创始人米歇尔·加西亚·温纳（Michelle Garcia Winner）。米歇尔曾经是美国高中的一位言语语言病理治疗师，主要解决高中阶段特需孩子的社交情感问题。20世纪90年代的特需孩子社交领域已经有简单的"心智理论""社交技能""认知行为治疗"等理论雏形。但米歇尔在工作中发现，这些理论远远不能支持社交情感特需孩子的教育。于是，在1995年前后，她推出"社交思维"项目。"社交思维"历经20余年发展，服务人群范围从开始的主要服务于高中阶段的特需孩子扩增到从4岁到成人。米歇尔也于2008年因为"社交思维"项目的开发和推广及其对自闭症和其他社交缺陷人士的贡献而获得美国国会特别荣誉奖。

"社交思维"项目进入中国，首先是"星星桥康复体系"发展的需要。从2016年开始我与SCERTS/LSP模式创始人帕特里克·瑞德（Patrick Rydell）博士，在中国推广SCERTS/LSP模式在小龄或低功能孤独症谱系障碍孩子中的运用。随着SCERTS/LSP模式的推广，越来越多的小龄孤独症孩子得到了高效康复，他们不仅能够进入普通幼儿园和小学，而且语言和智力发育也达到普通发育4岁孩子的水平。但这些孩子在社交能力、情绪调控、行为管理方面仍然发育滞后。我们开始思考后续用什么模式能更好地帮助学龄期特需孩子。在对比了一些美国常见的学龄期孩子社交情感康复模式后，我们首选"社交思维"，原因有三点：

1. "社交思维"系列教材与SCERTS/LSP的理念一致，都是主要由美国言语语言病理学家们开发的以"社交"为康复核心的模式，不是以解决行为问题和教认知为主。

2. 教学目标都是以"构建在集体中学习能力"为主，认同孤独症孩子出现的语言发育迟缓和行为问题是继发性的，是表现出来的外在特征，仅是"冰山中露出水面的一角"。康复更应该从基础开始，即社交关注、解读社交情景、独立思考、解决问题能力，而不仅是只注重孩子会模仿做什么、说什么。

3. SCERTS/LSP模式适合于幼龄低功能孩子，主要通过演示、演练等教学方式，包括非语言的教学模式。而"社交思维"适合经过早期干预后，语言和智力发育已经达到普通发育4岁孩子的水平后但仍患有孤独症、注意力缺陷多动症（ADHD）和其他社交缺陷的孩子。SCERTS/LSP和"社交思维"理念一致，适用于不同发育阶段。

我们引入"社交思维"进入中国,除了满足星星桥孩子和家长们的需要,还有更深远的意义:

1. 对家长加强科普教育,如神经发育障碍孩子的康复,不同的发育阶段,解决不同的问题选用不同的模式和方法。语言发育迟缓、孤独症、ADHD 等疾病属于发育障碍/迟缓类疾病,按照发育里程碑,随着孩子的发育不同阶段,选择合适的干预模式。目前没有一种干预模式能够解决发育中的所有社交情感问题。

2. 针对发育障碍类疾病,国外各种模式层出不穷,要注重引进和落地新的模式与新的理念,不能墨守成规。

3. 针对发育障碍的孩子,培养独立的学习者,早期注重培养孩子主动观察、独立思考的能力是康复的基础。

4. 神经发育障碍/迟缓的孩子需要长期支持,目前中国极其缺乏可落地的学龄期孩子社交能力教学模式。"社交思维"项目的引入,我们希望能起到抛砖引玉的作用,期待更多适合学龄期孩子的社交模式未来能够落地中国。

石建莉

2022 年 2 月

尽责检核表

临床医生或成人：利用这份表格来监督自己在实施过程中的依从性和质量与下表的匹配程度。
尽责观察员：利用这份表格从4个关键元素来对实施过程的尽责度进行评分。评分细节在表格末尾处。
姓名：_____　　　　　日期：_____
角色：(圈出其中一项)临床医生 | 尽责度观察员　　　　场景(圈出其中一项)：全班　|　小组(2～4)　|　个人
内容：社交探索者　　　　单元1_____　单元2_____　单元3_____　单元4_____　单元5_____

关键元素：1)**准备**学习的环境；2)**结构**应用；3)**促进**学习；4)**评估**(提供反馈)。

依从性：临床医生或成人准确地传达项目元素

		是	否
准备	成人事先准备好视觉活动材料		
结构	成人按照顺序阅读故事书		
	成人读故事书的时候有暂停或停下来(例如,不会从头到尾一口气读完)		
	成人在实施过程中使用视觉活动材料		
促进	成人利用故事书介绍单元词汇		
	成人们利用陈述或提问来督促同伴参与		
评估	成人给孩子语言上的反馈		

质量：临床医生或成人完全执行项目元素

	3(高质量)	2(中等质量)	1(低质量)
准备	成人在开始之前准备好推荐的材料	成人在开始之前准备好推荐的大部分材料	成人只准备了部分或者极少数的材料
结构	成人按顺序通过故事书来介绍词汇和相关的活动	成人介绍了所有单元,但并不是按顺序呈现,或者教程中只使用了故事书而没有结合相关活动	只使用了部分的故事书和单元
	成人按照故事书中的图标暂停或停下来讨论	成人时不时会停下来	从头到尾一口气读完或者只停下来一次
	成人在课程实施过程中利用事先准备好的视觉资料来辅助教学	部分使用了视觉资料	很少使用视觉资料
促进	成人通过故事书来介绍主要词汇,并结合3个以上的活动来辅助教学	成人使用1个后续的活动介绍词汇	成人仅通过故事书介绍词汇
	成人鼓励小伙伴们互动参与到结构化活动中,必要时引导流程进行	成人告诉小伙伴们要参与,和其他同伴互动,但是没有给额外的支持	没有或者有限的鼓励与同伴互动
评估	成人使用清楚的语言和(或)具体的反馈来鼓励学习概念和执行(注意:学习概念必须在预期执行之前)	成人给予反馈(含具体的与总体的)来鼓励学习概念和(或)执行	不具体的或不清楚的反馈,或者反馈只针对执行,而不针对概念理解

外在因素：基于环境和学习者类型的最低外在因素需求

	是	否
总体教学教室：至少,每个故事书单元4个30分钟的小节		
融合教育课堂：至少,每个故事书单元4个30分钟小节		
(特殊需要的学生：1个以上介绍词汇的预备小节和1个以上辅助人员的后续小节)		
专业教室(大多数学习者是特殊需要的学生)：至少,每个故事书单元8个30分钟小节		
专业小组(每组2～3名学生)或个人课程：至少,每个故事书单元8个30分钟小节		

一致性和参与度　　　　　3：有力的例子/很清楚明显　2：一些证据　1：没有/很少证据

保持社交情绪学习和标准一致性(例如,合作)	3	2	1
个体化的指导和匹配发育水平	3	2	1
学生参与和参加	3	2	1

高尽责度：**依从性**=所有元素均回答"是"；**质量**=每一个元素得分都为3；**外在因素**=环境为"是"；**一致性/参与度**=每一项都得分为3。
足够尽责：**依从性**=所有元素均回答"是"(除了评估)；**质量**=每一个元素得分为2～3；**外在因素**=环境为"是"；**一致性/参与度**=每一项得分为2～3。

献 词

我们带着爱把此书献给，

我们生活中那些灵活的人，

他们支持和启发了这项工作。

特雷斯和凯尔·亨德里克斯，

艾莉和埃里克·莫加利安，

简和乔·兹韦伯，

埃文、诺拉和瑞安·帕默，

玛雅·戈麦斯

莫莉、杰西和菲尔·加尔斯顿，

叙泽特和西·塔希斯。

致　谢

该项目应社交思维社区、家庭和专业人士的要求而产生，他们在寻找一种方法将这些确凿的概念带给我们最年幼的学生。

瑞安、卡里和南希非常认同，该系列书和教程得益于米歇尔·加西亚·温纳的概念和开创性工作，没有她的教导、指导和支持，这本书是不可能完成的。

瑞安、卡里、南希和米歇尔一直非常感谢我们的许多朋友、家人和同事。他们听取想法、看草图、跟着音乐唱歌、提出疑问，有时还拿出来他们的红笔标记问题。

特别感谢帕姆·克鲁克，他敏锐的眼光、冷静的头脑和超强的解决问题能力对完成项目至关重要。还要感谢我们的编辑韦罗妮卡·齐斯克和艺术总监伊丽莎白·布莱克，感谢他们的远见支撑我们一路前行。

还要感谢参与开发和早期拟定草案的家庭和专业人士，与我们的主角一起探索，用彩笔标记形式进行社交学习，并在他们的小组和课堂中使用活动。我们感谢："社交思维"的员工和家人；彩虹工作室的工作人员和家属；明尼通卡幼儿园；伊登普雷利幼儿特殊教育计划的工作人员和服务的家庭；爱因斯坦医学院儿童评估与康复中心的工作人员和家属；黛比·梅林格洛等。

最后，向与我们一起工作的许多家庭致敬，有幸与你们分享这个旅程，心存感激。我们一直都在向你们学习并与你们一起共勉。

目 录

引 言

一天，在幼儿园教室的家政角，5个4岁的孩子——托马斯、埃丝特、艾莉森、安杰尔和恩里克——组成一个小组一起玩过家家。已经决定要成为一家人的他们分了角色之后游戏就开始了。托马斯和埃丝特扮演父母忙着用一些塑料盘子和食物组织和布置厨房，艾莉森和恩里克分别扮演哥哥和弟弟正在搭积木，安杰尔扮演婴儿正在打瞌睡。艾莉森和恩里克争论了起来，托马斯就当起了裁判，他将两个孩子送到各自的角落冷静反思。埃丝特继续在厨房里忙碌，摆好五人桌，将塑料食品从锅中移到盘子上。与此同时，安杰尔醒了并喊道："我想出去玩。"顿时，4个孩子全都转向了他，脸上都带着恼怒的表情。安杰尔困惑地说："我做错了什么吗？"托马斯摆了摆手指，告诫他："你不能说话，你是一个婴儿。"

在这个简短的片段中，我们可以看到许多重要的方面奠定了学龄前儿童游戏技能发展的基础。我们看起来纯粹的游戏对正在发育中的大脑的社交思维具有重要的影响。参与合作性的假扮游戏的能力取决于灵活的思维、足够的语言能力、抽象思维能力、自我调控能力、扎实的社交情感发展和换位思考能力，以及理解游戏进程和涉及多重任务所需的执行功能技能。你在读这本书时，请记住社会环境的复杂性和正常儿童处理和回应这些重要且快速变化的信息的速度。

《社交探索教程》旨在帮助具有平均和远高于平均的语言水平和学习能力的低龄学生，培养他们成为灵活的社交思维者和社交问题解决者所需的技能。我们通过给幼儿园和小学低年级孩子教授米歇尔·加西亚·温纳的社交思维概念和词汇来做到这一点。因为社交思维是一种基于思维的方法，它是通过结构化游戏来描述和展示具体概念的教学方式，应用于有能力利用语言来学习的学生效果最佳。学生将学习到社交思维、社交期望、他们自己的想法和他人的想法，以帮助他们在社交游戏和互动中做出更好的决定。更棒的是，老师和教养人将学习如何向他们解释这些抽象概念！

教程通过4个孩子，埃文、埃莉、杰西和莫莉的经历进行教学，这些经历是以故事形式呈现的各种冒险。10个单元对应本教学系列的10本故事书。英文版《我们思考者》包含两辑，第一辑介绍了5个故事及其配套的单元课程；第二辑包括另外的5本故事书和单元。每个单元旨在通过一个术语教授特定的社交思维概念。一旦引入了一个概念，它就会在所有其他单元相关片段中使用。术语建立在自身基础之上；想法在不同节段也不是一成不变的。社交学习需要时间；不要求学生在完成每个单元后就习得一个概念。相反，随着教程的进行，学生理解水平会越来越高，特别是在利用《非常灵活的你》音乐（英文版配套）和老师分享给家长以及家庭其他成员的居家活动中探讨社交思维概念的时候尤其明显。

什么是社交思维

社交思维＝我＋你＝我们

它真的很简单，也很复杂。这是我们结合当下情境、与我们想法有关的总体社交期望、他人的思想、我们的行为、他人的行为以及所有参与者反应形成的人与人之间的互动，所形成的复杂的公式。成为一名优秀的社交思维家意味着我们会理解我们如何与他人"融入"世界以及他人如何融入我们自己的内部世界。我们能够接受我们所看到的、所听到的以及我们对他人或某种情境的感受，并且通过我们已经想到的、感受到的和知道的来过滤它，以对周围发生的事情做出"聪明地猜测"。我们能够考虑到我们是谁？在哪里？和谁在一起？并在瞬间灵活适应。但大多数时候，我们甚至不知道我们正在这样做。

即便是在学龄前期，我们对自己和他人的看法和感受也会推动我们的人际关系和互动！我想着我对你的想法，你想着你对我的想法，我们每个人都想彼此的想法。想让彼此保持积极的想法并觉得良好是我们行为的动力。

我们社交能力的正常发展远远不止展示社交技能，也不仅仅是理解适合不同的社交技能的不同情况。它同时包括了认识到我们与其他人拥有激励和解释我们和他人行为的信念、感受和理解，以及这些信念、感受和理解并不总是一成不变的。我们称此为"**心智发展理论**"。这种对他人思想和情感"内容"的深入和不断发展的理解，使我们拥有根据这种理解采取行动，来发起和维持互动并最终建立关系的能力。当我们考虑任何特定社会情境中涉及的包括人、环境和为当前行为提供信息的过去经历等许多可变因素时，我们正在**换位思考**。这包括基于我们希望他人如何感受以及我们希望他们如何看待和对待我们来做出选择。这反过来又会影响我们如何感受和看待我们自己。

举个例子，假设我决定学龄前孩子现在只能吃一个馅饼，给了她一个，在她的注视下，我把剩下的馅饼放在高高的柜子里。后来，在她午睡的时候，我意识到如果我把剩下的馅饼冷冻起来，下周末我就不用再烤馅饼了。孩子醒来后直奔那个高高的柜子。"哦,它们不在那里,"我说,"为了奶奶和爷爷的到来,我把它们冷冻了。你要不要最喜欢的花生酱和苹果?"我对即将到来的快乐事件的提醒并提供可接受的替代品避免了一场孩子的大发雷霆。因为我懂得心智理论,可以进行换位思考,所以我"读懂了"我女儿的意图并依此采取了相应的行动,从而避免了一场小危机并继续愉快地度过了我们的下午。这就是我们统称的社交能力的本质,即了解自己计划的能力,读取别人的计划,并根据需要进行调整,以便双方保持参与并对这个经历感觉良好。我们大脑中的想法与我们随后表现出来的行为之间的这种社会协同作用使得我们与他人保持联系,帮助我们有效地共享空间、灵活思考和协作行动。这也是我们在不互动时所做的事情。当我们阅读小说并理解在故事背景下的人物角色的思想和情感时,我们正在使用我们的社交大脑。当我们和另一个人安静地坐在房间里,互相不交谈,因为我们知道那个人正在专注于重要的事情,或者当我们在脑海里回顾当天的事情并思考我们当时可能可以有不同的做法的时候,我们也在使用我们的社交思维。

正常儿童社交思维是如何产生的

在本章中,我们将把社交发展分解成不同组成成分,有序地呈现学习材料以方便学习(图1)。在此过程中,记住两个重要的想法:① 我们谈论的是孩子整体;② 发展既不是完全线性的,也不能只考虑某一个方面教学而与孩子身上发生的所有其他事情分开。我们正在剖析,在不直接引导的情况下就获得这种社交雷达正常发育的儿童的社交大脑在自然协同地做些什么。然而,神经发育正常的儿童如何凭直觉获得信息的过程,这在我们不得不机械地或通过认知、以线性方式逐个概念性教授它时并不能得到重复。

儿童早期的认知和情绪发展是内在相关的。这些协同形成一个功能良好、身心协调发育、快乐、健康、有趣和善于互动的学龄前儿童。我们将探索构成儿童4岁时换位思考的基础模块(这些整合了执行功能、中枢整合和心智理论)和他们是否能上幼儿园的共同核心标准。这将有助于进一步了解社交发展。基于此,我们可以建立教学模型,来帮助学前班和小学低年级的学生作为更大群体的一部分,在与其他人和平共处、工作和玩耍方面越来越成功。

社交发展从我们出生的那一刻就开始了(Shonkoff & Phillips, 2000)。事实上,我们比以往更意识到它具有先天性因素。婴儿出生时就具有基于神经功能的基本社交能力,此后社交能力通过体验式学习和大脑的生理发育来修正、塑造、激励和发展(又称为"神经发育")。大脑在出生后最初2年快速发育,回应性照护和适当的刺激可以促进发育。然而,刺激不足或接受(感知)刺激的神经系统先天性障碍会以适应不良的方式塑造神经功能。与善于社交的同伴相比,生来社交学习困难的学生的神经系统先天不能以相同的发展轨迹或速度获取社交信息。

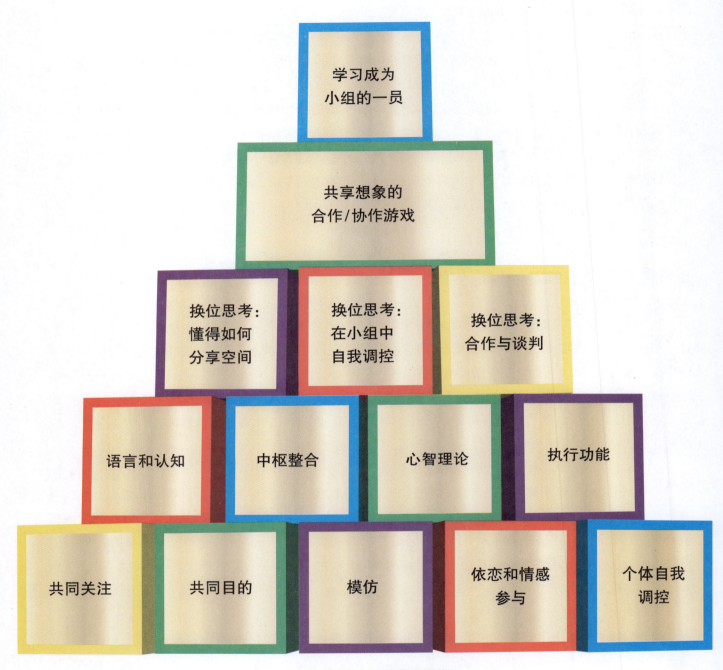

图1　学龄前社交发展的典型基石

为了解释学龄前社交发展的基础，我们将这些基本的能力分成单独的模块。它们是协同、相互关联和相互依赖的。你会注意到他们被放置在团队合作（协作）游戏和学习的顶层。每一层都代表着内在连接和相互依存的能力，以及在接近的发育时间窗出现的能力。每一层建立在下一层之上，从而让学龄前孩子有完全的灵活的上幼儿园的能力，具备与他人玩耍和集体学习所需的社交思维和社交处理技能。

模仿和共同关注的发展

互动从父母和孩子之间的第一次微笑开始。自我调控的早期发展是基于父母和孩子共同的情绪：婴儿的行为和反应是他们接受照顾的直接反应。婴儿看着父母的脸，所以他们知道自己的感受。他们对父母提供的刺激做出反应，由此产生了一种分享的感受（Carpenter et al.，1998）。

最初几个月，最开始听到的声音是让双方都感到愉快的咕咕声和微笑。婴儿发出咕咕声，妈妈笑了。婴儿皱眉，妈妈皱眉。很快，在共同的歌声和心脏跳动下，妈妈挠痒痒让婴儿咯咯笑。这是社交互惠的开始。

婴儿早在3～4个月大时，就和他人有眼神接触和相互凝视（Farroni et al.，2002）。哺喂3个月大的婴儿或和3个月大的婴儿玩耍的任何人都参与了这种最早形式的社会交流互动。谁都会在凝视婴儿脸的时候爱上这个婴儿。

和婴儿游戏以及和婴儿玩耍都是互惠的，是为心智理论发展埋下伏笔的共同关注的基础。这里有个例子：6个月大的婴儿和妈妈及妈妈的朋友在一家餐馆聚餐。婴儿开始哭闹，所以妈妈摇晃钥匙让婴儿安静下来。婴儿伸手并微笑，恢复了平静。9个月时，他们发现自己处于同样的处境。瞧，当宝宝奇迹般地再次盯着妈妈的钥匙，妈妈递给了他。她知道宝宝想要什么。最后，在12个月大时，宝宝先看钥匙，再看妈妈，然后再看钥匙。这是一个明确但无言的请求。你观察到了互动性的眼神凝视和为了达到一个目标的目的性眼神凝视之间的明显区别。这是社交发展的根本，他们不仅参与了共同关注的行动，他们也知道他们已经这样做了！在思考换位思考的发展时，这种"知道"发生在第一个生日之前（Tomasello，1995），这是一个重要的里程碑。

现在，让我们将发自内心的知识与研究结合起来。安德鲁·梅尔佐夫和他的同事（Meltzoff，2005）证明：模仿，即行为的观察和执行，通常是与生俱来的。他们能够证明出生4小时的婴儿能够模仿舌头伸出；新生儿也会模仿面部表情；我看到了，并且我做到了。

这里有两个重要方面。正常发育中的婴儿天生就能够模仿，这帮助他们建立一系列的行为。他们发展了"社交记忆"，可以在几个小时之后再次重复这种行为！婴儿还利用他人的行为来了解和扩展他们的本领。14个月时，当他们被模仿时，他们开始能意识到了。梅尔佐夫及其同事表明，婴儿笑得更多并且注视模仿成年人的时间更长，他们也意识到了模仿行为。

先天的模仿能力至关重要。它使儿童的行为倾向于参与到和照顾者的互惠互动中，进而吸引照顾者。毕竟，所有要上班的父母都觉得离开一个清醒的、咕咕叫的、微笑的婴儿很难。事实上，因为婴儿"像我一样"的体验被嵌入在互惠的经验中，这些与照顾者的早期交流为婴儿理解他人意图的社交发展奠定了基础（Meltzoff，2005）。早期游戏，比如"宝宝有多大？"和藏猫猫，教人们如何进行对话，以及如何随机应变和反应迅速。

对他人的行为和反应做出回应会形成社会性参照。婴儿很早就学会了观察成人面部表情以获取安全、赞同和兴趣的相关信息。幼儿父母面对跌倒在人行道上的幼儿时的反应，任何人都曾目睹过这一过程。如果家长看起来很焦急或立即安慰，这个孩子会哭，好像受了重伤。然而，如果父母微笑，然后说"没事的。"这个孩子会站起来，擦掉灰尘，继续走。幼儿也知道熟悉的和陌生的成年人之间的不同，当遇到困难时，会避免寻找陌生的成年人来安慰自己。

> **婴儿出生时大脑就具有模仿能力，它提供了物理结构，社会概念可以从大脑产生并通过与看护人的社交性游戏进一步发展。** ■

除了建立社会性参照和能够模仿他人的行为，我们也知道12～15个月大的孩子会将人类行为根据意图分类（Tomasello et al., 2005）。如果看到一个在我的本领内的行为，我可以基于自己的经验解释其含义和意图。观察、模仿和理解模仿是心智理论能力的基础。如果因苦味而皱起脸，然后看到另一个人也这样做，可以将他们的面部表情解释为一种对苦味的反应，因为我也有过同样的经历。梅尔佐夫（2005）描述称：正常发育中的婴儿会用"感觉"理解他人的行为，意味着因为它"像我一样"。

研究表明，当成年人看着别人伸手去拿东西，观察者与行动者大脑中的相同位置被激活（Meltzoff & Decety, 2003）。此外，在接下来的研究中，他们发现当成年人从事心智理论任务时大脑中这个相同的位置被激活！这种配对性表明模仿（和支撑模仿的神经网络）促成了心智理论。换句话说，梅尔佐夫的"像我一样"假说的关键是婴儿可能会使用自己的行为作为解释他人行为的框架。

这种自我与他人的先天匹配（模仿和意识到被模仿）对于同理心、角色扮演、换位思考发展至关重要。婴儿出生时大脑就具有模仿能力，它提供了物理结构，社交概念可以从大脑中产生并通过与看护人的社交性游戏进一步发展。结果是心智理论的发展，并最终形成了换位思考。

共同关注的发展

共同关注的能力使儿童能够发展如下策略：建立共同关注、参与社交监督和社会参照，以及考虑他人的观点。共同关注起源于婴儿早期，第一个微笑、咕咕声和与另一个人分享相互的喜悦。6个月时，婴儿将注意力扩大到周围物体。这种对玩具和其他物体的兴趣使得他们在拿不到这些物体时，会向照顾者发出信号。9个月时，他们不仅会看向有趣的物体和动作的方向，也会跟着别人的头转动，看看他们正在看哪里（Meltzoff et al., 2007, 2009）。此时，驱动他们注意力转移的是对方头部的运动。即使成年人眼睛是闭着的，婴儿也会转过头去看（Meltzoff et al., 2007, 2009）。

更令人惊奇的是，在短短2个多月内，他们的知识已经显著增加：10～11个月后，当一个人闭上眼睛时，他们不再转过头去看那个人可能在看什么。现在,只有当那个人眼睛是睁开时,他们才会转头看! 婴儿甚至在第一个生日前,就知道了眼睛是信息的重要来源,他们能够用眼睛来弄清楚一个人可能在看什么和在想什么。

到12月龄时,幼儿不仅会跟随大人视线的方向,而且会挪动到她可以与大人同一方向观看的地方(例如,从门边仔细看)。她知道大人看到了一些她看不见的东西(Tomasello et al., 2005; Meltzoff, 2007)。同时,她现在准备好了跟另一人分享对同一个物品的关注。这就是共同关注的本质。幼儿现在能够利用她所学习的一切:她可以通过眼神、语言和姿势来获得关注并将关注点转移到她感兴趣的人或事物上。

为什么这很重要? 研究发现那些10月龄时就已经能很好眼神追随的婴儿在幼儿期词汇量更大,可以说出更复杂的句子(Meltzoff & Brooks, 2009)。从社会的角度来看这一点,我们知道,当成年人看向同一个方向时,那些能很好追随眼神的婴儿注视目标物体的时间更长(Meltzoff et al., 2007)。就好像这个物体带有特殊的重要性,因为它引起了成年人的注意。能够实现这种经验分享飞跃的婴儿创造了一种情况,即应对的成年人可能对共同境遇提供了一个语言标记。举个例子,一个婴儿跟随大人的视线看到飞过的飞机,很可能会听到大人说:"是的,那是一架飞机。"研究表明,这种双向体验(例如,大人看到孩子试图看大人看到了什么,然后大人用语言标记了这些物品)带来了语言学习的优势,这种情况从婴儿期直到学龄期一直如此(Meltzoff & Brooks, 2009)。

出于功能性和共同关注的目的,"用手指"比"用眼睛观察"出现得更早(Carpenter、Nagell & Tomasello, 1998),在12月龄时,幼儿将"用手指"理解为一种社交参考工具,并且他们能够使用它让另一个人注意到他们的意图和(或)与他们分享经验。这个年龄段的孩子可以通过"用手指"影响成年人的想法(Liebal et al., 2009)。他们已经知道可以通过"用手指"让成年人去看,去拿和去递东西。

"用手指"是独一无二的。不像点头,假装从杯子里喝水,摆动你的手指,或者举起一只手说"停止",这些没有一个特定的含义。"用手指"本身只是一种引导注意力的手段。要理解这个"用手指",所涉及的个人必须和他人共享一个情境和观点:我们共同知道一些事情,我们都知道彼此了解。要推断"用手指"的社会意图,参与者必须很大程度上依赖他们之间的共同背景(Behne、Carpenter & Tomasello, 2005)。

> 婴儿甚至在第一个生日前,就知道了眼睛是信息的重要来源,他们能够用眼睛来弄清楚一个人可能在看和在想什么。

与此同时,成人和儿童参与三元互动,例如搭建积木塔或一起完成拼图。这些活动更像是"协同联合参与",孩子可以同时扮演两个角色(例如,放积木或保持积木塔稳定),如果成年人需要,还可以帮助成年人(Tomasello et al., 2005)。

到18月龄时，幼儿不仅对他人的愿望以及这些愿望可能会跟自己的有所不同有了基本的了解，也能够根据这些知识采取行动，为他人服务。雷帕乔利和戈普尼克（1997）证明幼儿能够根据他人的喜好行事，而不管他们自己的感受。他们如何做到这些的呢？他们向两组幼儿展示了研究人员品尝西兰花和饼干的反应的图片。一组幼儿看到了对西兰花的厌恶反应和对饼干的愉快的反应。另一组幼儿看到了相反的反应。随后，幼儿被要求跟研究人员分享自己的食物。15月龄时，幼儿只给了研究人员饼干，这是他们喜欢的食物。到18月龄时，幼儿给了他们看到的研究人员喜欢的任何食物，而不管他们自己的喜好。很明显，到18月龄时，幼儿已经能够读懂别人的面部表情和其他情境线索了解其他人的计划，然后，使用这些信息来影响他们自己的行为。

合作的发展

在婴儿发展合作意向能力的同时，他们也在发展分享合作的技能和动力：去合作。合作的动力早在14～18月龄时开始发展，是一种独特的社交参与形式。它涉及共同的目标、共同的注意力和共同的行动计划（意图），读取他人计划（心智理论）的能力和帮助这个人完成目标的内在驱动力。如果我们计划从一棵树上摘苹果，它的树枝高于我们中的任何一个人都够得着的高度，我们需要做出一个共同的计划（"我们意向性"），然后每个人都扮演自己合适的角色来实现这一点。例如，我可以爬上梯子给我们拿苹果，但前提是你扶着梯子，我才不会摔倒。

> 合作的动力早在14～18月龄时开始发展，是一种独特的社交参与形式。■

我们知道合作是与生俱来的，不仅因为我们不是唯一拥有这种行为的灵长类动物（黑猩猩也这样做！），而且不因为奖励会增加这种行为。事实上，研究表明，外在奖励（如把得到玩具作为合作行为的奖励）会降低学生与生俱来的利他性合作欲望（Tomasello，2009）！

为了验证这一点，研究人员开发了一系列实验旨在展示儿童的利他行为。实验包括两个部分：治疗阶段，20月龄的幼儿有机会帮助成年人并会得到语言奖励（表扬）、物质奖励（玩有吸引力的游戏的机会）或完全没有奖励（获得中性反应）。那些在治疗阶段帮助了大人的幼儿进入测试阶段；在测试阶段，没有提供任何奖励。研究者的实验假设是具有内在动机帮助成人的幼儿不会受到外部奖励的影响。他们也假设口头或社会奖励对增加利他行为没有影响或可能有积极影响。

研究结果揭示了几件事情。首先，20月龄的幼儿天生就有提供帮助的动机。更有趣的是，与获得物质奖励后相比，在经历表扬或中性反应后，幼儿同样愿意对考官提供帮助。事实上，在初始阶段获得奖励的幼儿更不太可能提供帮助。此外，长期来讲，提供外源性驱动力减少了帮助行为。

这项研究表明,当提供了外部奖励时,儿童更不倾向于培养合作和协助精神。就好像奖励将焦点从利他主义行为转移成了一种更利己主义的行为(我只会在获得外在奖励时做事)。这反过来又表明利他主义或乐于助人是与生俱来的(Warneken & Tomasello, 2008)。这也代表了行为强化模式的转变。如果帮助的意愿是与生俱来的,而外部强化物并没有增加行为,那么教孩子行为背后的原因会远远比使用刺激反应方式来训练技巧更重要。这种帮助的意愿与合作密切相关(以及我们的"老朋友"——心智理论),与自我调控和执行功能交织在一起。

个体自我调控和执行功能的发展

随着社会参与和社会监督的基本技能的发展,孩子们也在学习自我控制、个体自我调控和执行功能技能,这是他们利用他们的观察来制订计划以获得他们想要的东西或解决问题所需要的。在最高层面上看,执行功能技能允许设定一个目标,结合之前的经验来确定实现目标的步骤,启动这些步骤,评估进度,并知道何时达到目标。当事情出错时,执行功能技能帮助评估损害并修改方法。

目标设定和目标实现能力的基础是自我控制和个体自我调控。由于对照顾者的安全依恋,幼儿获得信任和自我意识的早期基础,使得幼儿变得越来越活跃并愿意探索他们的世界。他们能力的调控源自一贯照顾他们的成年人。当他们哭的时候,细心的父母很快找出问题所在并解决问题,以便他们恢复平静。在幼儿期,他们学会等待想要的东西,但他们也更加自信和变得目标导向。他们想要什么就行动起来去得到它。作为回报,照料者开始设定限制并对行为有所期待。

2岁左右的幼儿,虽然仍然非常冲动,但开始发展一种能力,即设定一个目标并按照几个步骤来实现它。不幸的是,他们无法评估自己跟随这些步骤的能力,我们都知道当他们的结果不符合他们的计划或他们的愿望超越了他们表达自己的能力时会发生什么。

大约在同样年龄,儿童想要传达一种感受的欲望超过了他们通过面部表情和行为来表达的能力。他们有感受,他们知道他们有感受,但他们还不能传达它。为了解决这个问题,他们开始使用情绪词汇,像生气、快乐和害怕(Bloom, 1998)。这样的词汇学习与儿童的想法和感受紧密关联,这就是相关性原则。然而,一个相反的差异性原则也开始发挥作用。"当儿童的想法与其他人的想法不同并且儿童必须表达才能把其想法和其他人共享的时候,就必须学习语言"(Bloom, 1998)。为了和其他人保持联系,儿童必须能够表达和理解自己和其他人的感受,当儿童和其他人的感受是一样的又或者不一样的时候都是这样。到儿童3岁时,为了参与小组活动和在幼儿园学习,儿童个人的自我调控和自我控制的能力以及执行功能的发展使他们能够想

> 发育正常的3岁幼儿的任务都是关于自我调控、情绪调节,以及学习在团体的需求中立足。■

> **3岁的幼儿知道人们想要的、感受到的、喜欢的东西可能和他们的不同，但是他们还没有完全意识到他们的想法也和其他人的不同。**

象一个目标，然后计划和执行必要的任务。他们基于自己的能力调节自己，学习如何在团体中调节他们自己。他们能够避免做一些违禁行为，以保持老师们对他们感受良好，并在其中压抑了自己的欲望，为集体目标、集体体验服务，或基于更尊重他人的需要（相比他们自己的需要）而这样的。

发育正常的3岁幼儿的任务都是关于自我调控、情绪调节，以及学习在团体需求中立足。一个灵活的学龄前儿童知道如果老师正在帮另一个孩子系鞋带，他需要等待，等老师帮助自己穿夹克；在他完全不感兴趣时他能够考虑其他事情或者专心倾听；如果另一个孩子正在回答问题或做出评论时，他能够等待按序发言。所有这些技能都存在于一个能够在团体中自我调控的孩子身上。

中枢整合性和心智理论的发展

儿童在他们生命的第3年开始发展心智理论（Leslie，1994）。尽管婴儿可以通过观察他人的身体动作来了解他人的欲望，那与理解其他人有不同的信念还是相去甚远的。3岁的幼儿知道人们想要的、感受到的、喜欢的东西可能和他们的不同，但是他们还没有完全意识到**他们的想法也和其他人的不同**。我们是通过成熟的测试"错误信念"实验来了解这一点。其中一项测试是著名的维默尔（Wimmer）和佩纳·萨莉·安妮（Perner Sally Anne）测试（1983）。在这个实验里，告诉孩子们一个涉及两个角色和两个装东西的地方的故事。一个角色（萨莉）看着另一个角色（安妮）把东西收起来，比如说放在橱柜里。然后安妮离开房间，萨莉把东西从橱柜移到了床底下。然后问孩子们，当安妮回到房间时，她会去哪里找东西。如果孩子们说橱柜，他们就通过了测验，如果他们根据自己的理解推断说在床底下找，这就是任务失败。为了通过任务，孩子们必须要理解他们知道安妮不知道的事情，并能够根据安妮知道的，而不是他们自己知道的来预测安妮会做什么。

4岁的孩子可以通过这个测试，他们可以展示出心智理论。虽然他们可能无法定义思维的概念，但我们知道他们理解它。我们是怎么知道的？他们使用的语言清楚地表明他们想到了别人是怎么想的，通过使用诸如"认为""知道""猜测""决定"和"忘记"来谈论自己或他人的心路历程。一个4岁半的男孩被无意中听到对妈妈说："妈妈，你有没有忘记关笼子？"通过4岁和5岁孩子的语言内容，我们观察到他们正在谈论，因此也在思考思维的内容，而不仅仅是东西和行为。

自我和他人的概念是如何发展的？在最初的12～14个月里，儿童受到生物学需求和社会情绪需求的驱使。直到他们对食物、饮料、刺激和睡眠的生理欲望以及他们对交往的社交情绪欲望被满足，他们对自我的理解才出现。在18～24月龄时，儿童开始认出镜子里的自己。他们意识到无论他们做什么，镜子里那个人都会做同样的事情，或者当他们看到镜子里的自己脸上有一处污垢时，他们开始擦脸。同时，我们看到了这种认知的语言表现：幼儿开始使用代词"我"和"我的"。3～4岁时，当学龄前儿童明白你可能知道一些与他们所知道的不同的东西时，心智理论就出现了。最后，到5岁时，他们已经形成了一种复杂的理解：他们知道一些事情，你知道一些事情，最重要的是，你知道他们知道，他们也知道你知道！

一旦孩子们意识到其他人有想法，并且他们养成了谈论彼此想法的能力，他们能够开始弄清楚其他人知道和不知道什么。语言技能的增加和心智理论一起作用，创造更成熟的思维。西蒙·拜伦·科恩（2001）引述格赖斯的观点并认为这一点特别重要，因为它可以帮助人们遵循沟通最重要的规则之一：不要告诉别人他们已经知道的事情。3岁幼儿已经意识到，如果另一个人能看到某个东西，他们必定就知道了。幼儿已经注意到眼神注视方向和思维，以及在眼神注视方向和"知道"之间建立了联系。4岁儿童能够使用这些信息以及他们对场景的推断，决定对话的或游戏的同伴知道和不知道什么，以及因此，这个同伴在互动期间需要知道或不需要知道什么。

这很重要，因为要成为成功的游戏伙伴，儿童需要能够讨论他们的想法，思考其他人所说的和所做的，这样才能合作和协调他们的计划。儿童需要足够灵活才能将他们的计划加入另一个人的计划或允许另一个人制订计划。而且，儿童还需要有能力从场景中推断出含义，并知道虽然金属滤网在沥干意大利面时是一种厨房用具，当他们在一起假装去外太空旅行时，它也可以充当太空头盔。如果孩子们过分关注滤网的孔，他们就看不到过滤器的形状，也许还有它的金属成分，非常适合假装它是头盔。

这种分析综合一个情境下相关信息和细节，来明白这些信息如何融入整体的能力，在研究中被称为**中枢整合性**。这种"看到大局"的能力或整合信息的能力也是概念形成中涉及的关键过程。例如，大多数幼儿很早就知道狗是一种4条腿的动物。然后他们经历了一段过度泛化的时期，他们把看到的大多数甚至所有4条腿的动物都认为是狗。渐渐地，他们意识到有很多4条腿的动物，每种动物都有自己独特的声音和一组生理特征。这种根据个体特征和它们出现的背景来分类和比较物品、事件和想法的能力，对于理解和解读社交互动和社交行为是非常关键的。

> 要成为一个成功的游戏伙伴，儿童需要能够讨论他们的想法，思考其他人所说的和所做的。■

合作游戏的发展

成功参与合作性假装游戏需要表演出假装的情节以及理解你的玩伴在做什么的能力。了解其他人计划的能力在24月龄就开始出现了。玩具马和肮脏猪实验是两个很好的例子（Harris, Kavanaugh and Dowson, 1994, 1997）。首先，研究人员假装将水倒在两个塑料玩具马中的一个上面。给了儿童一条毛巾，并要求擦干

"湿"马。儿童必须决定擦干哪匹马。2岁以下儿童，幼儿擦了哪一匹马的实验结果不一致，儿童往往随机擦干了其中一匹马。然而，年龄满2岁的幼儿基本上都做了正确的选择。他们擦干了"湿"马。

在第二个类似的实验中，同样的研究人员假装向一只玩具猪喷番茄酱。然后向孩子展示了3张照片（一张普通的、一张背面有白色标记和一张带有红色斑点），并询问哪个照片描绘了发生在猪身上的事情。结果非常一致：2岁以下的儿童的选择不稳定；2岁以上的幼儿一致选择了那个带有番茄酱污点的猪。2岁幼儿虽然没有看到倒水，也没有看到喷出番茄酱，他们始终能凭直觉判断实验人员假装计划的结果。

学前社交发展的重要游戏之一：合作和协作性假扮游戏。正常发育儿童在课堂能够分享想法，读懂他人的计划，形成一个共同的计划，然后扮演一个互助性的角色来实现这个计划。这种对自己和他人想法的高度理解，支撑了他们参与集体想象合作游戏的能力。他们不仅能够在自己或他人的计划内合作和玩耍，不需要大人的帮助，他们也能够与他人合作，共同制订计划，相互分享他们的想象力并提出共同制订的联合行动方案。

一般来说，孩子们想玩，并且想让他们的朋友和他们一起玩。渴望与他人一起玩耍，并渴望一直与他人玩耍，是培养儿童在群体中自我调控，和在考虑儿童自己和他人需求时保持灵活性能力的基础。使儿童能够接受行为上的限制，和在其他情况下可能不一定遵守的规则。回到我们家政角的5个学龄前儿童的故事，为了继续玩游戏，"宝宝"必须接受对他行为的控制（"婴儿不能说话"），并且如果他想在这个小组中玩耍就要保持沉默。儿童参与这些协作游戏的能力，对儿童的自我调控有双向影响，这是儿童社交成功的基石（Vygotsky，1966）。

做小组游戏需要有表达自己想法的能力；它还涉及有足够的灵活性来想象和接受其他人的想法。 ■

那么，成为一名优秀"玩家"的基础需要什么技能呢？现在学龄前儿童能够将他们的思想内容（想法）与实际情境分离开来，他们已经可以熟练地假装。假装棍子是一匹马意味着你必须保持两个想法分离，但它们始终在你的脑海中。利拉德（1998）写了假装的两个层次。

假装的第一个层次涉及谈判：你是牛仔，我是马。需要大量的换位思考来实现这一点。你也需要语言来创造、解释、维持和矫正社会假装游戏体验。例如，如果你正在一个汽车的轮子后面假装是一匹马，你的游戏伙伴会提醒你："你不能这样做，马不会开车。"这种谈判非常重要。游戏方案的成功与否与能否确保没有人偏离场景或离开游戏，依赖于想法的融合，对规则的妥协，读懂他人的计划和情绪反应，并在发生误会时进行解释。如果做不到，人们就会离开，然后游戏就结束了,甚至游戏可能都还没有开始就结束了。

假装的第二个层次是实际玩耍。记住,假装游戏需要精神上的表现形式(想法),这意味着你必须牢记计划。如果扫帚是马,你必须记住要一直那样想。马如何移动、交流和互动? 参与高级角色扮演,涉及扮演不同类型的人(例如牛仔、厨师等),并表现得像另一个人或物,需要想着那个人并了解他们的想法、信仰、感受和渴望,以及设想那个人会如何表现。

小组游戏需要有能够表达自己想法的能力;它还涉及有足够的灵活性来想象和接受其他人的想法(Segal,2004)。儿童从单独的假装游戏(19 ~ 22月龄)转变为平行游戏(我知道你在做事,我也在做事,但我们没有互动),从联合游戏到完全合作游戏,会经历非常清晰和不同的阶段。联合游戏(24 ~ 36月龄)是一群幼儿可能都在做同样的事情、分享材料或在同一个假装游戏中一起玩。然而关于谁做什么和谁会扮演什么角色,没有计划,也没有对话。

4岁的正常发育的儿童能够和他人分享想象,而不仅仅是他们自己的想象。他们能合作制订游戏计划,在他人想法基础之上增加和建立内容,并将它们与自己的想法结合起来制订出一个新的方案。他们可以灵活地将他人的想法和想象融入自己的游戏计划,以产生新的协作游戏想法。虽然它有明显的社交目的,协作游戏技能对于后期参与课堂小组任务所涉及的关键技能的发展也至关重要,包括参与对话,解决私人问题,培养有意义的关系,想象一个目标,看透它并理解它在文本中的角色和情节发展。协作或社交假装游戏作为社交和社交知识获取的平台很重要。在合作游戏脚本的同时,孩子们共同探索社会角色,以及亲密关系、信任、谈判和妥协能力的问题。为此,孩子们还必须掌握传达他们想法和考虑他人想法所需的沟通技巧。在学前班和早期学习,我们称之为协作游戏。随着孩子长大,我们称之为小组讨论或小组作业。

为什么游戏如此重要? 维高斯基(1966)谈到玩耍是儿童想象力的展现,后来,当一个人进入青春期时,想象力是没有付诸行动的游戏。在3岁、4岁和5岁时成为一名好玩家与做梦、想象和看透生活有着直接的联系。游戏对于幼儿的重要性就如同是谈话对于青少年和成人的重要性。

在20 ~ 30名儿童的小组中学习

这些同样的抽象思维技能、协作技能和沟通技能是儿童越来越了解和欣赏他人观点的基础,我们知道这种能力对于社交思维是至关重要的,也是在更大的群体中学习以及发展友谊和亲密关系所必需的发育里程碑。

迄今为止,美国50个州中的45个,以及3个管辖区域均采用了共同核心州立标准,在"说和听"标题下包括了一个关于对话的部分。希望幼儿园的孩子"在与同龄人或大人形成的大大小小的小组中,和不同

在以游戏为基础的环境中接受教育的孩子还有一个额外的优势，他们是强大的问题解决者、更灵活的思考者，并且更擅长协作。■

伙伴进行关于幼儿园主题和内容的合作性交谈"。并且，为了"遵循已商定的讨论规则（例如倾听。与他人轮流针对讨论的主题和内容发言）并通过多次交流继续对话，提出和回答问题以寻求帮助、获取信息或澄清一些不明白的东西"。设想在学龄前儿童和小学低年级儿童中达到这些目标的社交系统操作。它假定儿童作为学业知识前课堂，能够很好地开展合作性交谈，他们有社交能力，不希望儿童在学前班或幼儿园的时候需要专门教授这些社交技能。

为此，花宝贵的时间在学前班教学业技能是反常的。不幸的是，学前班早教的趋势忽视了这样一个事实：幼儿的任务是游戏。过度关注字母、数字和学业前知识的学校课程正在浪费假扮游戏和社交的关键时间。当花费太多时间学习字母和数字时，儿童发展的关键要素以及为在团队中学习和参与符合年龄水平的复杂对话奠定基础的关键能力，没有得到足够的关注。

2001年《不让一个孩子掉队法案》（*The No Child Left Behind Act*）和其他以结果为导向的教育立法和法规导致学前班和幼儿园课程更侧重于这种"教授学术"的方法。2002年初，国家报告系统（NRS）制订了每年2次的"启蒙"（head start）标准化测试，以评估语言、识字前和数学前技能。正如反对者预测的那样，美国政府问责办公室在2005年发现，至少有18%的启蒙计划改变了他们的教育指导，以满足国家报告系统测试内容。

为什么这是个问题？关于课程设计的纵向研究（Miller & Almon, 2009）已经证明语音和其他散在的阅读技能的早期教学不会带来长期的学术收益。实际上恰恰相反，已发现假扮游戏的参与度与文本理解能力、元语言意识以及对阅读和写作目的的理解显著（且正向）相关。此外，在以游戏为基础的环境中接受教育的孩子还有一个额外的优势，他们是强大的问题解决者、更灵活的思考者，并且更擅长协作——这是定义成功成年人的重要特征（Miller & Almon, 2009）。

当孩子没有发展出玩耍的技能，与他人玩耍有困难，或者当他们在小组中没有自我调控的能力时，会发生什么？关于同伴筛选（挑选朋友）和同伴拒绝的文献告诉我们，不能及时读懂他人的计划会导致合作和协作性假扮游戏困难，将会对同伴关系的发展产生重大影响（Slaughter, Dennis and Pritchard, 2002）。那些善于玩耍的孩子们更有可能被选为玩伴，会花更多的时间去体验和练习社会互动，最终提高他们读懂他人计划的能力。简单地说，如果我是一个好玩伴，更多的人想和我一起玩耍。我与他人接触得越多，我就更清楚在我们努力解决问题和想象我们可以合作的新情境时，如何同时考虑自己和他人的想法。这意味着我可以练习成为一名优秀的玩伴，在我做得不够好的情况下解决冲突，会使我通过练习变得越来越好。积极使用社交思维有助于自我持续发展，是我们成长过程中许多社交概念和社交技能发展的根源（书面表达、小说的阅读理解、游乐场玩耍、在课堂上做小组作业、参加会议、建立社交网络、工作、结婚、组建家庭等）。

　　一项全国性研究（Gilliam，2005）发现，美国每1 000名儿童中有近7个被常规教育学前班开除，大部分是因为在小组中自我调控、读懂并遵循他人的计划、和（或）分享想象力方面有困难。根据我们的临床经验，有更多的学生以优异的成绩进入幼儿园，却在课堂环境中苦苦挣扎。他们在自发的同伴游戏中面对的挑战以及在积极的同伴游戏中习得的技能，对他们学习成为课堂小组成员一部分去工作的能力有重大影响（图2）。

　　我们需要重新调整我们的思维，转变模式，将社交思维教育纳入常规教育课程。社交学习是一个全国性的问题；这不仅仅是一个特殊的教育问题。很多孩子，不仅仅是那些被诊断出来的孩子，包括那些没有达到课堂和小组学习要求的技能、社交知识和自我调控的情况下进入幼儿园的孩子。现在比以往任何时候更需要这样做，即社交思维课程必须成为所有学前班和小学低年级课程的组成部分。

当社交发展有问题时：什么是社交学习差异

　　让我们回到幼儿园教室家政角的小伙伴们的故事。5个4岁的孩子——托马斯、埃丝特、艾莉森、安杰尔和恩里克——仍然在小组内玩游戏。在托马斯告诉安杰尔"婴儿不能说话，因此，你必须保持安静"后，我们接着往下看。安杰尔，已经因为不得不假装成婴儿而心烦意乱（毕竟，他显然不是婴儿），从他的"婴儿床"往上看，开始尖叫并用拳头敲打地板："不，我可以，不，我可以，不，我可以。"托马斯被这个尖叫弄糊涂了，他试图安抚安杰尔并解释婴儿在他们长大之前是不会说话的，但如果他愿意，他可以说"妈妈或爸爸"。"我可以说话，我不是婴儿，我可以说话，我不是婴儿，我会说话。"安杰尔继续说，声音越来越大，直到其他孩子开始走开，一位老师介入。

●●●

社交发展的重要里程碑

下图我们着重展示了从出生到5岁发展出稳定社交能力的年龄和阶段节点。

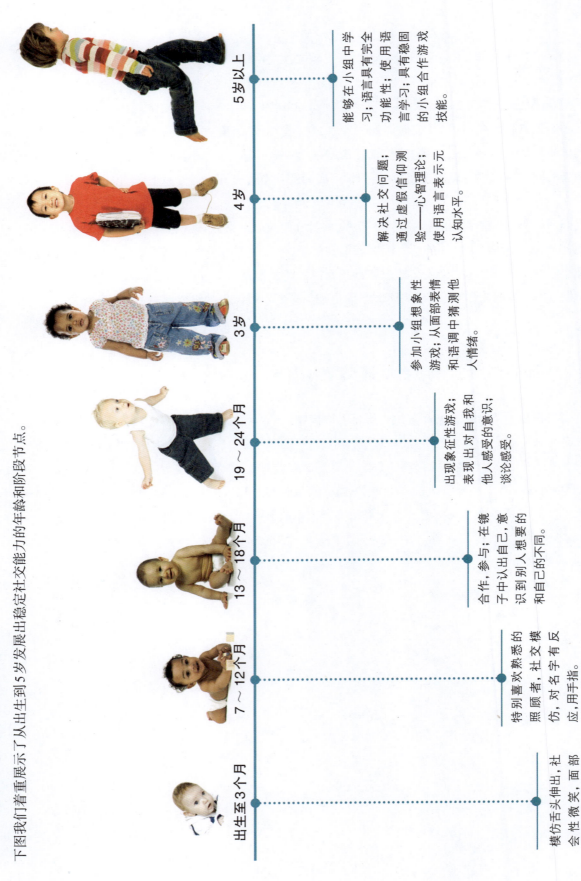

出生至3个月	7~12个月	13~18个月	19~24个月	3岁	4岁	5岁以上
模仿舌头伸出，社会性微笑，面部表情与精神状态对应。	特别喜欢熟悉的照顾者，对名字有反应，用手指。	合作，参与；在镜子中认出自己，意识到别人想要的和自己的不同。	出现象征性游戏；表现出对自我和他人感受的意识；谈论感受。	参加小组想象性游戏；从面部表情和语调中猜测他人情绪。	解决社交问题；通过虚假信仰测验——心智理论；使用语言表示元认知水平。	能够在小组中学习；语言具有完全功能性；使用语言学习；具有稳固的小组合作游戏技能。

图2 社交发展的重要里程碑

16

爱丽丝的父母为她的语言发展以及能记住她所看到的和听到的许多事物而感到自豪。他们简直不敢相信，仅仅上了一个星期的学前班，她就可以背出班上每个孩子的名字。不仅如此，当晚餐时间她在学校做了什么时，她能够告诉他们她在学校从早到晚的每一项活动的名称和时间。"8：30我们围成一个圈，9：00是选择时间，9：45我们吃点心"等。回想一下他们在10月份被请进学校讨论一些有关爱丽丝在学校让人担忧的问题时，他们是多么惊讶。老师们首先认可了爱丽丝对大量词汇、日期和时间的记忆。然而，与她的父母不同，他们没有必要将这些视为优势。事实上，他们担心她背诵清单的倾向和她对时间的过度关注，并报告说这些行为正在干扰她在教室里的人际关系。老师们讲述了一个关于"围圈时间"的趣事。一行人前往地毯区，爱丽丝注意到一个孩子已经坐在她最喜欢的地方。爱丽丝想都没想就把孩子推到一边，然后坐在粉红色的花朵上（粉红色是她最喜欢的颜色）。当另一个孩子开始哭泣时，爱丽丝并没有意识到，并且当她被要求放弃自己的位置并离开圈子时，她真的震惊了。这导致爱丽丝大发脾气并持续了很长时间，直到她精疲力竭地睡着。当她醒来并尝试道歉时，她的老师们清楚地看到，爱丽丝不仅完全不知道她这样做可能会令人不快，而且在同一个班级里6周后她依然不知道另一个孩子的名字。"但是，"她的父母抗议道，"她知道所有孩子的名字，问她，她会告诉你的。""是的，"她的老师回答，"她可以背诵他们的名字列表，但她无法将这些名字与任何孩子相匹配，即使她同桌的艾比，她也不能将艾比的名字与艾比的人匹配。"

✦✦✦

约瑟夫喜欢和母亲一起步行去幼儿园。每天他们都看到隔壁的狗在草坪上挖洞，邮递员用她的小车送信，新房子就在他们眼前建起来，还有当他们在操场前穿过时，角落里的交通协管员说："你好，小大人。"这是他一天中最喜欢的时间之一，如果早间新闻的鸣谢开始的时候他们还没有穿上外套，约瑟夫就会变得焦躁不安。一天，他的母亲病了，他的父亲在家里多待了一会儿再带约瑟夫去学校。像往常一样，约瑟夫已经准备好了，就在鸣谢结束时在门口等着。他的父亲拿着车钥匙从厨房出来，走向车库门："来吧，约瑟夫，该走了。"约瑟夫倒在地上缩成一团，开始哭泣"我们不要开车去幼儿园，我们走路去。"

✦✦✦

杰登喜欢上学前班，并与母亲谈论其他孩子、玩具、豚鼠，以及他所看到和所听到的其他令人兴奋的事情。每天早上他都兴奋地跑上楼梯，沿着楼梯上的线和墙上煤渣砌块的边缘，走向他的小房间。在围圈时间，他沿着地毯上的形状坐在外围，经常错过要他站起来去把他的照片放在出勤表上。他的老师们开始注意到每件物品和玩具是如何成为他对"火车"迷恋的一部分。起初他们对他的创造力印象深刻，但慢慢地他们开始意识到杰登从不与他人合作游戏，当然，除非他们愿意用积木搭火车。在操场上，杰登很辛苦地加入游戏。大多数日子里，他都是看着其他人玩耍，并用手指勾画他在围栏、攀登架和滑梯上找到的许多线条和形状。

✦✦✦

劳伦和乔斯在更衣室的角落站着。乔斯马上拿起听诊器和压舌器，说："现在我是医生，你是病人。"游戏开始，劳伦走到"医生办公室"，他觉得"嗓子疼和头疼"。乔斯填完检查单，开了药方以及卧床休息的医嘱后让劳伦回去。劳伦"走出"了等候室的"门"，她转过身来说："好啦，现在轮到我是医生，你是病人。""啊，不行，"乔斯说，"我说过了我是医生，不是你。"乔斯坚持她的立场，一场短暂的争论开始。几分钟过后，劳伦沮丧地离开了，留下乔斯在原地。乔斯感到很不理解，然后报告老师说劳伦中途不和她玩。

> 大多数孩子天生就有一个可以帮助他们凭直觉学会观察周围社交信息的大脑，即他们天生就有"社交雷达"。■

大多数孩子在出生时大脑就已经具备帮助他们"用眼睛思考"这项功能，他们能够自发地观察身边的社交信息，最终帮助他们观察人们如何思考和感受他人的想法和感受。这个"社交雷达"（Winner，2000，2007）也能帮助他们观察人际间的互动，并且自发推理出在每个情境中隐藏的规则。比如，在等待玩滑梯的时候，没有人事先告诉孩子他们应该与他人保持距离；也没有人教导孩子在操场上大家疯玩的时候，他可以开玩笑地称呼其他孩子"笨蛋"，但对于不是自己的朋友，比如老师或者奶奶，他们则要保持分寸不能这么说。社交雷达能够帮助他们明白可以假装别的身份，让他们使用一些能够让假装看起来真实的方法。

一些孩子并没有社交雷达，而有些孩子的"雷达"不在正确的频道上。他们没办法理解如何使用和为什么使用眼睛去读取情境的信息，能帮助他们准确解读别人对自己行为的反应，他们也不明白为什么理解别人的想法能够让双方在游戏中享受更多的乐趣。

对于一些孩子而言，尽管他们有语言的基本功能，但他们的沟通技巧不足以让他们在游戏互动中保持顺畅，也不能帮助他们参与到与同伴的基本社交体验中。这群孩子中有些被认为有超前的言语发展水平，他们甚至可以独立阅读文本。另一些孩子则没有发展出让他们足以在对话内容改变以及互动游戏的过程中进行调整的能力，他们不能在以对话为基础的互动中调节自己，也不能够看到问题所在，因此更不用说去想如何针对这些改变做出相应的行动。或者，他们就是不知道在小组中如何参与和维持。

很多孩子"遨游"在自己的想法中，但并未能够切实地与别人分享自己所想象的世界。他们从来都没有从平行游戏到合作游戏的转变过程，这就是很多时候我们孩子崩溃的原因。他们看着别的孩子，但不能够把别的孩子当成自己游戏的角色或者指导者。他们不能够参与到模仿性游戏中，或者当看着其他人做一些自己感到有趣的事情，他们不会想到"哟，那是一个好点子，我也要去试一下"。

这些孩子有时也能够想到如何与别人在游戏中分享，但仅限于成年人把控着游戏方向时，因为他们习惯于听从大人（积极地参与到社交问题的解决中去的大人）。

然而，当游戏的形式为即兴的同伴引导的合作性游戏时，他们既不能跟随同伴的指引，也不能够与同伴分享他们的想象。在 2 ～ 3 岁时，他们由于不能够模仿其他人，不能参与游戏并试图为了一个共同的目标合作，导致合作游戏的能力落后了。在这群孩子中，有一部分最终会被诊断为社交认知困难。其他人则由于社交机会较少，过度使用电子媒体或其他环境因素导致早期社交经验不足。

一些有感知处理困难、神经阈值在正常范围以下、神经系统未能常态给予回应的孩子，他们获取必要的自体调控策略的过程就会出现困难，他们的感知觉输入的调控就会不顺畅。处理感知觉问题导致的挑战已经超出了目前早期课程的维度，我们建议你参考《监管区》（The Zones of Regulation, kuypers，2011）和 SCERTS 模型（Prizant，Wetherby，Rubin，Laurent & Rydell，2007）。

至今，大部分研究中的社交认知学习困难的儿童包含了明显有困难的学习者，而不是指那些已经习得语言但说话方式刻板的儿童。而对于有较大词汇量但仍无法与同伴建立社交关系的学生则并没有被较好地记录研究。研究者的关注点集中在有显著发育迟缓的儿童，这些儿童的生长发育程度远远落后于同龄人，他们还不是语言学习或认知行为方法学习的理想对象。

为什么这个会成为问题？从表面来看，这部分儿童有较高的能力，但他们仍面临较多的困难，而且他们具体的社交学习的需求往往没有被察觉到。他们也许习得了较大的词汇量，但如果他们在与同伴谈话或者参与到互动游戏中无法适当地运用词汇，那这又有什么用？婴儿时期，他们也许在与看护人的互动中发展出基本的互惠体验、语言能力甚至模仿技巧，然而，当象征性玩耍的技巧需要出现时，他们会卡在独自游戏和平行游戏的阶段。这些孩子未能够继续发展出更多抽象的、象征性的、有连接性和合作性的游戏，不能与其他人分享想象情境，没办法与他人一同创造一个游戏情境，并与他人在这类游戏的推进中进行必要的合作。这些孩子的语言能力也许较强，但我们不应随便地假设更多，他们的社交处理能力可能仍然明显缺乏。

> 这些孩子的语言能力也许较强，但我们不应随便地假设更多，他们的社交处理能力可能仍然明显缺乏。■

在语言能力之外，这些孩子显示出更多的强项，但也同样有较大的薄弱之处。在学龄前阶段，与同龄人相比，他们在某些学龄前课程内容未涉及的单个知识点方面，也许有更深和更广的认识。然而，他们不能够把了解的知识通过互动的方式分享给他人，也不能够让别人感受到这份乐趣。他们是一个"话痨"，也许也是一个很好的解码者，但他们仍然难以理解他们阅读到的信息。他们可以自己玩得不亦乐乎，但不能在同龄人的小组中建立真正的关系。

通常父母表示这类孩子已经按时或与同龄人相比更早地获得了学业上的成绩，由此他们的父母会为孩子习得这些知识感到自豪。父母的反应强化了孩子是"天才"的认识,也默许自己的"天才"孩子能够不和同伴玩耍,或者不参与互动活动。即使这些孩子已经习得了一系列互动的核心技巧,他们大概率很难灵活地在不同情境中运用它。

这类儿童缺乏的社交雷达可以导致他们错过很多神经发育正常儿童轻易能够捕捉到的社交信号。因此,他们不会意识到,十分疼爱自己的奶奶愿意听他们从早到晚都在说蜥蜴,但他的同伴在同样情况下会感到无趣并走开,或者告诉他们不要再说了。他们不会阅读同伴给予的社交信号,比如同伴开始不耐烦地抖脚,往其他更有意思的人群看,或者更糟糕的情况是,在同伴转身走开时候他们仍然会不停地说。他们也许根本没有意识到读懂这些信号是我们需要有的社交能力。

因此,很多孩子太过于沉浸在自己的想法中,或者聚焦在自己感兴趣的细节中,他们没办法从一个宏观的层面看待这些互动。他们没有考虑过场景中的情境(中枢整合性),并通过其他人眼神注视的方向、面部表情和行为聪明地猜测。他们经常卡在一个细节(或者是错误的细节)并忽视了所有重要的信息。比如,有人用手指指向某些东西(细节)表示这件东西是希望被注意的(情境),另一个人指向身边发生的有趣的行为(情境),这个相同的动作区别在于前者单纯指出自己想要的东西。假设这个孩子错过了手指的这一动作背后的社交意图,而去关注手上有趣的戒指、手镯、手套或者手上的标记,那这个孩子基本上没有在解读这个手指指向的行为。

> 情境是如此的重要。当我们了解事件的情境时,我们就可以预测随后发生的事情以及别人期待我们做什么回应。■

神经发育正常的儿童能够注意到细节并且考虑到背后的情境,由此帮助他们推导出行为的意图。他们也能够根据自身的经验过滤一些细节并合理猜测他人的意图。比如,当盖比举起一根手指来表明自己想要苹果的片数,并同时说"一片",这个行为十分清晰地表明她的意图。如果盖比转向后面并指向一个方向,她也许希望让我看某样东西,如果她用相同的姿势指向的是一个橙子而不是一个苹果,那这个行为表明她在做一个选择。有认知困难的儿童常常会忽略情境,因此对于他们来说,识别他人的意图是困难的。

情境是如此的重要。丹麦心理学家彼得·韦尔默朗(Peter Vermeulen)在他撰写的有趣的书《无视情境的自闭症》(*Autism as Context Blindness*)中表达他的理论,即自闭症谱系的核心在于儿童不能准确地感知和回应他们所处环境的情境。当我们了解事件的情境时,我们就可以预测随后发生的事情以及别人期待我们做什么回应。情境能够帮助我们聚焦在要点上,并帮助我们在不完全清晰的状况下解决问题。比如,当我们知道生日派对这一情境,我们能预估到,生日派对情境中会有音乐(希望不是太吵的那种)、礼物(不是给自己的而是给寿星的)、蛋糕(如果是自己喜欢的口味那就很幸运)、零食和游戏(自己有可能会赢的游戏并且可以得到奖励)。对于情境识别困难的儿童来说,提到即将参加生日派对并不能使他们自动唤起这些想法。因此,比如当

图3 当社交发展出错时薄弱的基础

我们可以看到如果基础能力没有全部发展起来，或者在一些领域中存在着空缺，基础就是薄弱的，学生便没有足够的能力来参与同龄伙伴的游戏，和同龄伙伴玩耍。

威廉到一个很吵的派对，他对于这一情境事先并无该有的预设，在参与的过程中会表现得易怒或者难过。有时候这些孩子的执行能力并未发展到能够通过对比两个不同的经历识别出其中的相同点（可预测的）和不同点，从而生成事件相关的策略。想象一下，对于觉得每个情境看起来都是新的或者奇怪的儿童而言，这世界是如此的混乱，儿童不能识别出情境之间相似的地方，也因此无法猜测或知道事件随后的发展趋势。

社交发展技巧会催生出日后的社交成功。图3展示出当孩子没有稳固的社交发展技巧的基础时会发生的事情。由轻到重的社交损伤会持续存在，但如果不去审核和干预，结果基本都是相似的：社交学习对于儿童而言将是持续的挑战，也会影响到他们社会功能的方方面面。

为什么要在学龄前和学龄早期教授社交思维

对于因不了解他们身边的情境而情绪崩溃的儿童，对于那些过于单向思维而无法在小组中学习和游戏，并在日常生活中经常被请出幼儿园甚至由此被退学的儿童而言，以及对于那些在学龄早期课堂中难以参与同伴小组的儿童而言，找到一个方法理解这样的儿童并教给他们社交能力是至关重要的。

社交思维是用认知行为的方法，以一种具体和有趣的方式来教孩子复杂的社交概念。米歇尔·加西亚·温纳（Michelle Garcia Winner）在20年前创立了社交思维的框架，她发现用另一种方式来教语言学习者（年轻或年长的）关于社会自我和社交大脑的内容是必要的。她发现这些学生能从学会为什么要做社交决定中受益。仅仅教他们死记硬背社交套路（是什么）对语言学习者是不够的。而社交思维帮助他们学习将社交学习类推到不同的场景中。因此，这一干预方案旨在教授在社交行为背后的思维过程，由此提升孩子灵活思考并在相应环境中改变行为的能力。

通过加入简洁的语言教学概念，温纳鼓励孩子们学习和练习在他们成长过程中被忽视的核心社交处理能力。通过这一通俗易懂的教授方法，学生学习到了把思维、感受和行为联结在一起，由此认识到特定行为（社交技巧）的目的，并获得在不同场景（情境）中探索社交期待的观察能力。

这本教程旨在帮助孩子掌握他们所需要的成为灵活的社交思维者所具备的工具。我们要如何帮助他们强化他们较弱的基础？我们通过教给学生温纳提出的与学龄前期和学龄早期儿童年龄和社交水平相符的社交思维词汇和概念，来鼓励学生获得更多社交知识、对社交行为进行自我监控[1]。

---

1 如果你不熟悉社交思维方法论或者扩大社交思维词汇，我们推荐你查阅米歇尔的书本，《想到我》第二版（*thinking about Me*）。书中你会发现与年龄更大或更成熟的思考者相关的多得多的概念，也会有很多基础的信息（www.socialthinking.com）。

以前，我们并没有通用的词汇表来具体地谈论复杂的社交概念和社交期待。反而，我们简单地期望孩子能够自发地理解和感知什么是得体的社交方式。当孩子做不到的时候，我们通常会告诉他们，如"你需要……""注意""合作"和"要友善"，然而并没有停下来询问孩子使用这些语言是否真的能够理解这些词背后的社交概念。

我们都看过社交困难的学生在每日情境中的社交脚本，及明显的混乱。你曾经遇到过多少学生，他们感到沮丧是因为他们没有办法让别人按照自己的方式来玩，由此声泪俱下地抗议其他同学不友善，也不配合么？然而，事实上他们才是那个不配合和不友善的个体。记住我们早期阶段学习者的行为都是与自我调控、情绪调控、在小组中学会参与有关，我们开始重视要把社交思维的元认知与社交基础结合在一起。

> 在任何年龄段，社交思维的核心概念对于所有社交互动都是基础性的。■

在这个课程里，我们特别开发了多个单元来教授其中 10 个社交概念和词汇，对应教给语言和认知能力中等或中等以上的孩子。我们会具体讲述社交概念，让它们更容易被理解。安静地坐着听讲并等待老师和别人提问这一学习过程是远远不够的。孩子需要明白为什么他们要安静地坐着，并明白为什么当他们这么做的时候，他们能够获得老师积极的关注这一奖励。这其中核心的一点是我们尝试帮助孩子将思维、感受和伴随的行为联系起来，做出符合预期的行为能够让别人对自己产生正面的想法，由此能够让别人对自己有好想法，随后能够让对方对我们积极地回应。最后，我们也会觉得很好！

但是，学龄前和学龄早期的学生能否通过语言来更好地理解社交期待，并学习社交思维过程元认知（反思自己的想法）？这个回答是肯定的。在一项具有 2 003 个样本的研究中、乔伊和金在同伴接纳度较低的幼儿园学生中进行认知社交学习的探讨。他们的研究结果支持我们的发现：关注认知学习（使用具体的概念和术语）能增加社交知识并随后提升同伴接纳度——因为认知学习能够产生行为的改变。

克鲁克、亨德里克斯和罗什曼于 2008 年在《自闭症与发育障碍》（*Austism and Developmental Disorders*）期刊发表的研究表明，教授小学生社交思维词汇，能够提升他们的社交意识，在没有直接的社交技巧行为的干预下，能改变他们的社交行为，并在不同场景中推广社交的基本概念。

现今，美国很多课堂和小学已经选用这一基本词汇表，来帮助所有学生促进他们的社交合作和问题解决。老师和家长们反映学习这些词汇概念很好，能够在学校每日课堂和家庭环境中的很多"教育时刻"（如社交冲突）中简单地使用这些社交词汇概念。

　　研究结果让我们看到社交思维和社交学习是一个复杂的相互促进的过程，由此在一个时间点教授一个社交行为技巧是不符合逻辑的。在任何一个情境中都隐藏着成百个规则，而这些规则会随着年龄和语境而改变。在一天之内教给年幼儿童所有的社交技巧，让他成为成功的年幼学习者是不现实的，而要拥有社交智慧，成为一个成功的青少年或者成年人，那需要的时间就长得多了。这也是我们需要教授在技巧背后的思维方式的另外一个原因，为的是促进社交技巧的类推，从而使孩子能够在不同场景中使用这些社交概念，由此便能够融入现实生活情境中（Crooke et al., 2008）

　　我们的社交学习永远不会停止，随着孩子年龄增长和发育成熟的过程中，它会不断发展。随着年龄增长，社交知识变得更为微妙和复杂，因为相关信息和社交期待也在变化。好的社交思维也需要逐步发展，这需要一个更精细的处理系统和更高明的方式来回应，让对方在互动中觉得良好。学生在结构性学习早期阶段学习社交思维的词汇概念，可以在他们的学生生涯和成人期持续运用这些信息。社交思维的核心概念在所有的社交互动中都占据着基础地位，并不会受到年龄的影响，社交思维变成一个支持性的框架，能给予学生所需要的概念、语言，以及社交学习经验，最大化促进他们的发展（图4）。

　　在英文版两套丛书系列中，我们会把社交思维的核心材料调整为适合学龄前和学龄早期阶段的学生能够积极习得的基本信息，这些知识能够帮助他们拓宽和深化他们在成长过程中的社交学习。为了实现这个目标，我们会提供给有或者没有社交学习困难的儿童社交技巧、社交策略和他们需要的社交实践，以帮助他们强化薄弱的基础，弥合社交发展的缺陷。最后实现学生能够在小组中学习，分享自己的想象世界，并成为优秀的社交思维者。

针对学龄前和学龄早期儿童的社交思维词汇

　　在这个课程中，我们引入10个适用于学龄前和学龄早期阶段的学生的基本社交思维词汇概念。对于家长和老师而言，他们需要留意的是把这些语言及时融入在学校、家庭和社区情境中适用的时刻。如果孩子在初始的教学阶段以后没有机会想到或运用这些词汇或概念，它们不可能成为他们技能的一部分。

　　最有效的词汇课程有以下几个关键特征：
- 它们给词汇学习提供了很多机会和方式。
- 根据使用需要选择词汇。
- 教授过程是清楚明白的。
- 有很多机会能在不同的情境中推广使用词汇。实际上，我们希望孩子的所有看护人都能够使用这些词汇，帮助孩子在课堂之外去发现社交学习的机会。

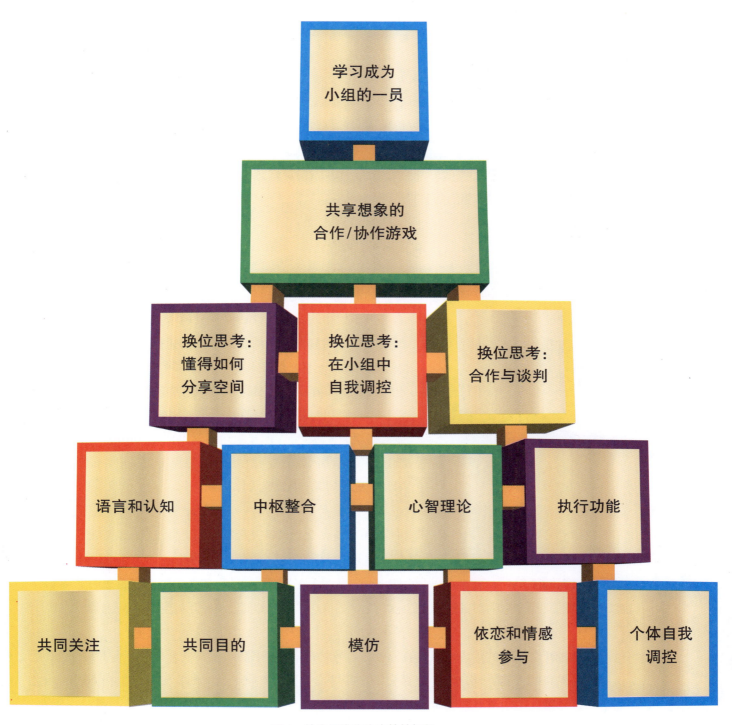

图4 社交思维作为支持性框架
对于社交认知薄弱的儿童来说,社交思维能够把所有的这些方块堆在一起连接起来。

研究发现，在语境中学习词汇的最好方法是故事阅读。同样的词汇在不同语境中有不同的表达方式（Beck, Perfetti & McKeown, 1982）。它们引发了词义的讨论，并需要回到语境理解词义。学生在家和学校都能够通过多种语境参与这些词汇的学习。

理解了这些，我们设计出了《我们思考者》（We Thinkers!）这一系列课程来反映这个模式。其中包含了结构化活动来引入概念，但是真正的教学在学生探索如何将课堂上学到的概念与周围生活关联之后发生。比如，当我们教学生"用眼睛思考"，我们会在一天中不断指出他们可以用哪些方法来观察其他人的行为以猜测他们的意图。还有一个例子，当孩子看到妈妈在门边站着，穿好鞋子，手上拿着钱包和钥匙，他们可以用眼睛思考，做出聪明地猜测：妈妈要出门了！

> 和教授特定的社交技巧不同的是，我们不期待教了社交思维就完全掌握社交思维。■

在探索词汇概念之前，需要一些重要的思考：

1. 尽管词汇的教学设计在特定的顺序下进行，但我们设定这些概念是环环相扣的。当你对10个单元越来越熟悉后，需要做的是抓住不同的时刻灵活地综合运用！如果露丝来到你的办公室，哭得歇斯底里，原因是有人没有问过她就用了她最喜欢的蜡笔。这个时候是最合适讨论社交思维概念（"问题的大小"）的时候。你可以（也应该）在学生完全掌握这些概念之前，在每个合适的时机，让学生更多地接触运用这些词汇的语境。实际上，在教这些词汇前让孩子能够在语境中使用这些词汇，能够让后续的教学更为容易，也最终可以得到深化。

2. 和教授特定的社交技巧不同的是，我们不期待教了社交思维就完全掌握社交思维。社交学习贯穿在我们的一生中，在我们成长过程中，思考方式会变动、改变和演化。我们不期待学生"精通"这些教学材料中涉及的所有想法和行为，学习是会持续进行的。尽管我们以线性的方式来教授这些概念，我们希望你能记得：我们在建构协同作用。我们引入每个新的概念后介绍如何让他们互相连接，以综合运用。

这不是教授社交技巧的传统观点。我们尝试创建协同思维，来展示多种概念如何结合在一起，就是正常神经发育的大脑怎样自发学习社交信息的过程。我们本质上是帮助我们的学生把不同的社交概念灵活运用。在认知行为层面，我们不得不以认知语言学的方法，以线性的方式来教授社交思维。但同样重要的是，帮助孩子看到各个社交概念联合运用的方法和原因，一个概念建立在另一个概念基础之上，最终目标是创建合作性游戏以及能够在小组中学习。

3. 需要注意的是，有社交困难的孩子学习这些概念的速度会更慢，需要很多的练习，孩子有较大的词汇量并不意味着他们能够更容易获得社交信息和快速明白社交思维的概念。不要期待在学完了这一课程后，你的学生们在社交意识的层面能够赶得上同龄的伙伴。这个课程能够帮助他们建立基本的技巧。当你的学生习得了这些概念，他的同龄伙伴已经继续在社交发展中往前一步。对任何人来说社交学习都是无止境的，而对于那些天生社交学习困难的孩子而言，他们一辈子需要格外注意这个问题。在他们成长和成熟过程中，这些概念会扩充到他们的思维，会持续被教给这些孩子。

下面是组成该课程的 10 本故事书和单元中抽取出来的 10 个社交思维词汇概念。每辑的课程包含 5 本故事书和教学单元。

① 《想想法与感受情绪》

社交学习的核心在于我们的想法和感受。换位思考，协同游戏以及与他人建立友谊，这些能力背后都有"想法"在起作用：了解我们自己的想法，能够将其分享给他人，并能够在我们行动和反应的过程中考虑到他人的感受。我们首先介绍这个社交概念，因为所有后续的概念和词汇单元都与"想法"联系在一起。（你在想什么？我在想什么？小组在想什么？）

我们把感受纳入其中是因为我们的思考和感受是密切相关的。想法和感受是抽象的概念，要让幼儿理解这些抽象概念，我们需要把一个大的概念细分成一个个小的部分。这与在学龄前学习的许多概念一样，我们以更具体化的方式引入概念。随着孩子的理解力逐渐增强，我们逐层学习直到他们能够以更加微妙和抽象的方式明白这些概念。

在探讨想法和感受的过程中，我们要从建立它们与身体的连接开始。学龄前儿童对这个概念较为熟悉，他们知道我们有很多身体部位，每个部位都有其具体功能，我们能够使用这一点。在许多情况下，我们能看见这些身体部位以及看到它们在工作。比如，我们看到双手鼓掌，举起来，碰触以及脚踏地，跳跃和奔跑这些动作。然后，我们把这些信息与需要学习的更为抽象的社交知识连接在一起。在我们身体里面的其他身体器官也有很重要的功能，如我们的大脑和心脏是我们在与人互动中能感受到的两个部位。大脑是你想法的制造者。我们把思维定义为一个主意、画面，或者在头脑中出现的一些无声的词汇。为了帮助我们谈论想法，我们会使用如下词汇比如想和想法。你的心体验着你的感受。感受是你的一些情绪。为了帮助我们谈论感受，我们使用"高兴""难过""生气"和"害怕"等词汇。

在这个阶段，我们希望让孩子意识到想法的存在，同样，帮助他们最终知道别人也有自己的想法。这个是不同角度思考的早期阶段。我们刚开始要让孩子注意到他们的内在思考过程。比如，如果老师站在教室的桌子上，我们想把这个过程归类为如下想法并教给孩子："你现在会有这个想法'老师究竟在干什么'。"

第一单元和故事书1介绍了十分重要的概念,即我们想想法以及我们的想法与感受密切连接。我们希望课堂中的课程能够让孩子有较多时间沉浸在基础感受中,让孩子发现这些感受是什么以及什么时候出现。此课程聚焦在"把想法和感受连接在一起"这一复杂的社交概念,我们在整本书和各个单元中都会回顾这个概念。

在创建此课程中,我们尝试从最基本的水平来定义想法。我们在全美国范围内对儿童进行非正式的民意调查,我们对于听到的一些富有表现力的定义感到惊讶!他们的回应如下:

"想法是什么?"

- "这个和主意是一样的,你可以在头脑中想到,你可以想到体育和游戏。"纳森,4岁。
- "我从来没有过想法。"卡拉,4岁。
- "这是你头脑中思考的东西。"山姆,4岁。
- "一个主意或者想象。"龙迪,4岁。
- "一些让你会举起手来的东西。"诺亚,4岁。
- "想法是无声的。"本,4岁。
- "在头脑中想一些东西。"贾斯丁,3岁11个月。
- "就是思考。"阿丽莎,3岁。
- "当你想起以前的东西或者将要发生的事情。"莱利,4岁。

"想是什么?"

- "你头脑工作的地方。"萨米,5岁。
- "你头脑中的一个想法。"伊万,5岁。
- "这个表示你在想着什么,就像你在想着梦里的星星。"查克里卡,5岁。
- "笨蛋,这个是你用脑子的样子!"莱利,4岁。
- "你头脑里的想法……各种事情,然后说出来。"碧昂丝,4岁2个月。
- "一些你在想的东西。在我思考的地方有一个想法。"(当我们问她,她思考的地方在哪里时,她指着她的心!她的妈妈随后说:"啊,我把想法"放在"我的大脑里。然后艾比说:"啊,是的,我也是!")艾比,4岁1个月。

2 《小组计划》

为了帮助孩子学习,我们以一个小组行动,我们使用一个术语,即"小组计划"。这能够让他们把思考的过程与我们期望他们即将做的行为连接在一起。谈论"小组计划"能帮助他们聚焦、思考和预测课程安排。

我们经常会把活动、书本和游戏这些我们在分享的内容称为"计划"。当孩子知道计划,他们能够想到我们期待他们做什么。这包含了情境中隐藏的规则和社交期待,最终帮助孩子们想到如何能够给别人留下好想法。如果老师说这个计划是要围成一圈来读一本书,很多孩子就知道规则是要找到他们的位置然后坐下。然而,我们经常会看到有孩子绕着沙发椅转圈,这时候其他孩子都已经开始听故事了。如果我们问他,"你计划做什么?"我们也许发现他们认为需要做的就是模仿书里面儿童的动作。当我们让他知道小组计划是要坐在沙发椅上听故事时,我们会教给他这部分的社交知识来改变他的计划并坐下来参与小组活动。有时候,孩子没有跟随指令仅仅因为他们不明白小组计划是什么。当孩子进入小学阶段,这个概念就会扩展为读取别人的计划以及明白他们的观点。在学龄前阶段,小组计划就是遵循小组的指令而不是自身的个人计划来行动,即使这个小组只有两个人!

③ 《用眼睛思考》

共同注意、共同意向以及情感参与行动是支撑我们"用眼睛思考"这一社交概念的组成模块。当孩子明白其他人也有自己想法的时候,我们教会他们可以用眼睛观察到的内容来猜测别人的想法会是什么。我们用眼睛来搜集别人在看的信息和思考的信息,我们身边发生的事情以及小组计划是什么。一旦孩子知道他们需要遵循计划,他们学到了用眼睛思考会提供给他们遵循计划所需要的重要信息。

我们用眼睛来"思考"而不是用眼睛来"看",这样能够强化与社交思维的联系。我们的很多学生也许会看到环境中的事情和任务,但不会进一步思考,并想一想他们看到的事物背后隐含的社交意义。

我们也用眼睛向别人表达我们容许他们加入我们在思考的事情,并让他们知道他们在场时我们是想着他们的。当我们分享一个经历时,我们会看着对方,让他们知道我们在想着他们、倾听他们,以及在和他们谈话。

"用眼睛思考"是一个关键的社交概念,这可以直接影响孩子处理信息的有效性,并能够整合很多其他的社交思维词汇概念。这并不是一个简单的过程,因此我们要强调的是,不要轻易做出以下假设:你的社交学习困难的孩子一开始明白什么。关于这个概念,老师和家长应该根据儿童的社交能力水平进行教授。很多具有一定语言能力又比较聪明的小年龄学生也有可能不能从别人的眼神判断别人在看什么(第一阶段),或者不能明白别人在看的事物反映了他们内心的想法(第二阶段)。

④ 《身体在小组中》

一旦孩子能够模仿，使用共同关注并且聚焦在社交互动中，他们就准备好学习有效地分享空间。"身体在小组中"是我们教授早期学习者的一种方法，让他们能够与别人保持一个舒服的身体距离，即不要太近，也不要太远。当一个人的身体在小组中时，这会给别人传递一个非言语信息，即你对其他人感兴趣，你在遵循同样的计划。反之亦然。当一个人的身体游离在小组外（离得很远），这会给别人传递一个信息，即你不在想着小组，你对参与其中不感兴趣。

⑤ 《全身倾听》

学生集中了注意力并产生合作意向后，他们就准备好学习如何"全身倾听"。倾听不仅仅是听说出来的语言。倾听包含了让说话的人知道倾听者是专注的并参与在其中。特鲁斯代尔（1990）认为，当我们专注于小组活动时，我们要用全身（眼睛、耳朵、嘴巴、手、脚）倾听和向别人展示我们在倾听。孩子会发现"全身倾听"这个概念很有趣并参与进来。学习"用手帮助倾听"（安静地把手放在大腿上或者放在身体两侧）或者"用脚帮助倾听"（双脚保持不动）是教授这个重要社交概念的不同方法。很多时候孩子也许用耳朵在听，但他们的脸是转到另一边的，他们的身体很僵硬，或者他们的眼睛看向别处，这些行为反映了一个非言语信息，即这个孩子不在倾听，也没有参与到小组中。

⑥ 《隐藏的规则以及合时宜/不合时宜的行为》

我们引入和开始建构第一辑的5个核心社交思维概念后，我们接着来学习第二辑的词汇。这个概念更为复杂和无形，它建构在前5个单元教授的关键概念之上。第一辑的概念是为想到他人和与他人产生联系打下基础：当我们在小组中，我们用眼睛思考，让我们的身体在小组中，用全身倾听，以及遵循小组计划。由此，孩子开始在每个社交场景中，学习一系列恰当的/不恰当的行为。我们用社交思维词汇"预期"和"意外"来避开学生经常使用的，更传统的"好/坏"的行为词汇。同时，我们也潜移默化地提醒他们，每次社交互动中他们面对的其他人也有自己的观点。

做别人期待的事意味着理解每个场景中包含的一系列"隐藏的规则"。这个隐藏的规则是在社交场景中暗含的但并不会被明确教授。比如，没有人会告诉你需要等到老师看到你了才能说话，神经发育正常的孩子能够自发想明白这些。做别人期待的行为，我们需要用眼睛思考，理解小组计划和当时情境下的规则，然后遵守它。如果我们做到了，我们便能够给别人留下好想法，继而让我们自我感觉良好。做不合时宜的事情意味着说话或做事没有遵守环境中隐藏的或者规定的规则。

　　教给孩子我们有能力来改变自己的行为是很重要的。当我们改变自己的行为来做预期的事情时，它会影响其他人对我们的想法和感受，希望变得更好。社交学习强调的是通过自己的行为来改变别人对自己的看法，而不是只是做"被期待"的行为。作为教育者，我们的目标是帮助孩子明白社交思维不仅仅是做"正确（别人期待）"的行为。比起关注行为，我们更关注孩子是否在思维层面上注意，即当其他人在场时，我们是否在乎别人的想法、反应以及感受。为了实现这一点，我们给予孩子参与反复社交互动的并能随时改变社交互动的工具！

7 《聪明地猜测》

　　当我们想要知道一些事情但不需要知道所有的事实时，我们可以搜集很多线索。当我们有一些线索，但没有办法得到所有的线索时，我们可以"聪明地猜测"。我们可以通过用眼睛思考，倾听发生在周围的事情并且综合我们掌握的信息做出猜测。我们可以聪明地猜测出故事接下来的情节，别人的想法和感受，并且猜测出基于小组计划，我们恰当的行为。在学习新的信息或者尝试和别人玩耍与相处时，我们使用"聪明地猜测"，如"我认为……"或者"也许……"这些表达能够让别人知道我们在做"聪明地猜测"。

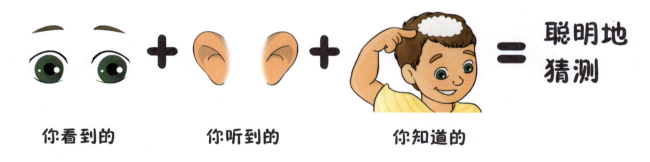

这个概念改编自《你是社交侦探》(*You Are a Social Detective*)这本书，并在该书中有详细讨论。(*You Are a Social Detective*, Michelle Garcia Winner and Pamela Crooke. Available at www.socialthinking.com.)

　　当没有信息或信息（线索）太少不能帮我们理解情境时，我们会做出"不准确的猜测"。如果我们的猜测是错误的，这没关系（甚至也是符合期待的！），因为我们没有足够的信息来帮助我们理解情境！当你没有用你的眼睛思考，没有倾听身边发生的事情，也没有运用你所知道的信息时，你大多会做出不对的猜测。

例如：每天早上，学生们来到课堂，放下背包，坐下来准备好"围圈时间"。一个会聪明猜测的学生会收集线索，结合他所看到的（坐在圆圈里的同龄人）、他所听到的（"围圈时间到了"），以及他已经知道的（每天我都会放下背包去参加"围圈时间"）来完成计划。如果学生跑去玩火车，他就对这种情境下的预期行为做了一个错误的猜测，要么错过或忽略了身边的线索：其他人坐在圆圈里和日常的课堂惯例。

包含在聪明和错误猜测里的，是"知道"这个概念。知道某事意味着我们已经从所见、所闻和所知中收集了足够的信息。知道事实很容易，但当我们把其他人、想法和感受加入社交等式中时，情况就变得复杂了。例如，如果我们自己制订了计划，那么我们就知道它是什么。如果这是别人制订的计划，我们只能对它进行"聪明地猜测"，除非他们告诉我们计划是什么。理解思考与认知之间的区别，并积极地向孩子们传授这一点，将有助于他们学会何时寻求帮助（因为他们不知道），以及何时根据情境中收集到的信息做出明智的社交选择。

⑧ 《灵活的和刻板的思考》

"灵活的思考"指的是，考虑不同的选择和策略来适应当下不同的情境和人群。我们教导孩子我们可以基于小组计划、改变计划、改变思维或者放弃自己想要的。"刻板思维"则是它的反面。"刻板的思考"指的是不能够根据周围发生的事情改变自己的行为和想法。比如，一个孩子在"围圈时间"一直是坐在红色的方块上，如果红方块被别的孩子占用时，她不能接受坐在其他颜色的方块上，这就表现出了她的刻板思维。解决人际关系问题，学习在小组中参与并有能力维系友谊都需要灵活思考的能力，并根据小组的意愿在需要调整时改变计划。

⑨ 《问题的大小》

"问题的大小"是一个自我调控的概念，我们通常会教孩子监控自己的行为和反应并做出合适的调整。这就在帮助他们学习把个人的问题通过换位思考的方式考虑自己的行为是恰当的还是不恰当的。我从教导学生问题有大有小开始，从大问题到小问题都有。一旦孩子理解这些概念之后，他们就可以准备学习面对不同大小的问题时应该出现的不同反应。当我们面对大问题时表现出大的反应，而面对小问题时表现出小的反应，那么这个行为就是符合预期的；面对小问题出现大的反应或者面对大问题出现小的反应都是不符合预期的。

⑩《分享想象》

在本辑教授学生的最后一个社交概念是"分享想象"。我们的学生通常都有很强的独立的想象力，但他们在需要和别人分享想象的时候会感到比较艰难。我们通常基于游戏和语言来分享想象。我们需要能够想象到别人在想什么，并让别人知道自己的想法，才能够充分参与有创造性和互动性的游戏。这允许我们分享自己的想法，由此可以创造和保持所有玩伴贡献的玩法。在分享想象的过程中，我们需要和其他人协调我们的想法、目标以及兴趣，去执行一个共同的计划。就如同那5位学龄前孩子在我们的开放性场景中的表现一样，分享想象能够把游戏体验完整地集合在一起。

从社交思维的角度来解释问题行为

对大多数儿童工作者来说，在一个教学场景中，儿童行为是一个常态化且需要不断关注的点。多数情况下，很多了解和关爱年幼孩子的工作者都会发现孩子的行为在不断挑战着我们的耐心。尽管我们有一系列经常使用的策略，有时我们无法忍受孩子又一次的情绪爆发，又一次无法调控的崩溃，或者又一次在小组中拒绝配合。很多观点都会把孩子的这些表现归结为"不好的行为"，并采取一些行为策略试图"消除"孩子不应该做的任何表现。我们强烈建议：停下来，用眼睛思考并重新解释这种行为对社交认知困难意味着什么。

行为不会凭空出现，通常会暗含着孩子的能力、处理问题的风格、感知调控系统以及多种环境因素。这些因素包含我们自身的能力、教学和处理风格，我们自己的感受和认知，以及基于我们个人的特点在情境中产生的影响。

我们社交学习困难的孩子不会有意或蓄意漏掉线索，脱离小组计划，或者为了一支坏掉的蜡笔而崩溃大哭。他们的社交大脑没有硬接线，允许他们像别的孩子一样学习。因此，我们希望你开始基于社交思维挑战的滤镜，而不是传统的行为滤镜，来看待你学生的行为和反应。

表1是学龄前和学龄早期阶段的一些常见情境。我们很清楚地知道生活（来看待生活的概念滤镜）不会像被建议的一样干净有序。我们也知道很多表中呈现的行为归因于多个社交发展薄弱的领域的综合效应。我们相信，理解幼儿的困难行为是感知、理解以及能力的差异的症状这一点很重要。表1旨在关注我们发现的行为和孩子所面临的社交思维困境之间的联系。由此，我们便可以决定怎样最大化地帮助孩子应对这些挑战并根据孩子的情况因材施教。

表1　常见情境

情　境	行为滤镜 （针对单一行为的症状处理）	社交思维滤镜 （教授社交认知概念）
约书亚在挥舞钓鱼玩具时，把萨沙的积木推倒了，在萨沙明显生气的情况下，他在大笑	约书亚不顾及他人，行为笨拙，没有关注到萨沙非常沮丧，导致老师告诉他停止这种行为	约书亚较难进行自我调控并阅读他人的面部表情，他没有认识到萨沙的大怒以及这个情绪是由于他的行为导致的。我们需要帮助他认识到别人的想法和感受。教授社交概念使他能够调控身体的空间感以及当意外发生时读懂萨沙的反应
在"围圈时间"，老师闪烁灯光，其他同学都集中过来，但瑞秋跑到了地毯方块那边	瑞秋行为不当，应该要教导她遵守规则	瑞秋不能自发地明白教室里隐藏的规则；她较难用眼睛思考到当灯光闪烁时别人期待的行为，她需要遵循小组计划
杰登在"围圈时间"经常打断老师，回答老师提的每个问题	杰登是粗鲁的，其他孩子都会等到轮到他们的时候再说话	杰登需要学习全身倾听，用眼睛思考，并学习如何遵循小组计划
奥利威亚在教室中闲逛，经常从交谈或玩耍的同学中间穿过，或者她退回自己的空间时，不理会别的孩子。她在小组活动结束前离开，在和同伴玩耍的过程中离开，或在活动期间退出	奥利威亚是不礼貌的，以自我为中心并且不在乎她的同伴	奥利威亚需要学会用眼睛思考，让身体保持在小组中，运用她的社交探查工具来理解教室里社交互动中隐藏的规则

情　境	行为滤镜 （针对单一行为的症状处理）	社交思维滤镜 （教授社交认知概念）
西蒙会在他的铅笔折断或者有人想要他计划玩的玩具时崩溃。他也不理会同伴对于他的行为很沮丧的这一反应，因为他看不到这个问题	西蒙对于自己的需求过于敏感，对于别人的感受却不敏感	西蒙需要认识到问题的大小、别人的情绪，并且适当调整自己的回应方式
本从来不愿意和同学去操场玩；当他在操场玩时候，又不想回去。妈妈说早上让本上学真的太头疼了	本是不灵活的，没办法听从指令	本也许有一些执行能力的问题，思维刻板，我们需要教他怎样更灵活地应对场景

教程概况

《社交探索教程》第一辑包含5本故事书，能够给家长和老师提供具体的单元知识、有趣的活动，以及把社交思维词汇融入日常互动的方法。

目标年龄和人群

这套教程既面向4～7岁有社交学习困难的儿童，也可以面向全体学生，当成教育体系的一部分，帮助学生在应对社交问题时能运用基本的词汇来表达并建立社交意识和社交敏锐。教程提供以语言为基础的方法，因此，适用于该年龄段范围内的言语能力正常或接近正常（语法和语义学方面）的孩子。但不是所有存在社交学习困难的孩子都适用，有一些言语迟滞或者交流障碍的儿童目前的能力水平并不足以支持他们完成向他人学习的这一过程。

本教程不适用于没有语言能力或者言语交流水平只停留在仿说阶段的孩子。也许小年龄段言语迟缓的儿童长大后能发展出较强的言语能力和学习技巧，到那时社交概念和策略可能成为一个较好用的工具；还没有具备共同注意技巧的坚实基础以及不能够和小组保持联系的孩子也同样不适用于此课程。我们建议首先通过关系发展干预接受基础领域的个体性工作。

受益于此教程的学生本身也许还带有各种诊断标签，如自闭症谱系1阶段和2阶段、注意力缺陷多动障碍、社交沟通障碍、社交焦虑、双重特殊资优生、阅读障碍等；而有很多孩子，特别是小年龄段的，并没有这些诊断标签或者并没有达到诊断标准，但也能够受益于这些社交思维词汇的引入；对于神经发育正常的学生也是理想的学习内容,他们会发现这些内容的有趣性并能够促进他们自身的社交学习体验。

然而,要注意的是仅仅有这些诊断标签并不能决定此教程对于孩子是否适合。在以上提到的诊断中,还涉及学生背后存在着不同程度的言语功能和认知能力水平。在我们与学生的工作中,我们不会仅仅根据标签来决定这个教程是否适合一个孩子。相反,我们会把孩子作为一个独立个体,来观察和了解他。

如果你的孩子或者学生适合学习这些概念和材料,我们希望你能够与他们共同享受社交学习的过程。

分组

教程设计了单元教学,每个小组适合2～4个有社交差异的学生,这样能够最大化地满足个体的需求。针对4个孩子,有2位大人一起参与指导是最理想的。如果你把教程应用于一个常规的学习者都是神经发育正常孩子的班级中,班级学生人数增加也是允许的,因为考虑到他们不需要太多个别指导,也能够快速地消化这些概念。

教授社交思维的一个关键点是要灵活地把握小组中的"可教育的时刻"。比如,会有学生进入房间发现找一个地方坐下出现了困难。如果他们平时坐的地方被占了,他们就很容易卡在这个情境中!在学生人数比例较少的时候,老师能够把这个场景变成一个"教育时刻",来讨论如何让我们的大脑变得更加灵活!在小组人数较多的时候,教育的目标更多在于小组管理而不是关注个人需求,这个时刻很容易就错过"教育时刻"了。从一个实用性较强的观点出发:我们的学生接受社交支持和指导是因为他们并不能自发地知道如何在小组中学习,以及考虑到别人的想法和感受!无论他们在独自思考时表现出拥有多大的智慧,我们仍然需要为他们提供更多的机会去教授他们社交能力。由此,我们需要尽可能按照目标来调整小组的人数。

这意味着教育并非总是理想的,这些情境是存在的,即活动需要因更大的学习小组而改变。我们鼓励老师能够思考如何在课堂中随机延伸教授这些学习内容。

如何使用这本书

本书的英文版《我们思考者》共两辑包含了10个单元,教授适用于早期学习者的社交思维词汇概念。这10个单元的顺序罗列如下:

第一辑

《想想法与感受情绪》

《小组计划》

《用眼睛思考》

《身体在小组中》

《全身倾听》

第二辑

《隐含的规则以及合时宜/不合时宜的行为》

《聪明地猜测》

《灵活的和僵化的思考》

《问题的大小》

《分享想象》

每个单元都是针对特定的社交概念教学而设计的。词汇之间都互为基础，每个单元的要点都是具体的。当一个概念引入后，其他单元相应的场景也会把它带入。我们并不要求学生在初次接触到一个概念时，学完一个单元后便掌握此概念。你会发现，当在学校一天中多次教，特别是当这些词汇被孩子的看护人引入到家庭中使用时，孩子对词汇的理解会更深刻。

在第二辑的社交问题解决者中，我们加入了第三个元素：我们思考者！导航：小组合作性游戏和问题解决。在这套书中，我们会引入一个新的教学框架，从而引导学生进入高阶的学习。

我们推荐老师在教学前要通读第一辑的全部教案。社交学习并不是僵化的，随着时间的推移和经验的改变，它会有所提升。因此，这个课程的设计从第1单元开始，然后按照顺序来习得后续的单元内容。然而，课堂上学习的节奏与进度是要根据学生对知识的掌握情况、学习的频率以及练习社交概念的时间来进行计划和调整。

教程的一些提示

在阅读故事书和学习单元内容之前，我们先列举一些早期学习者学习社交概念的要点。

- 记得**要把社交思维词汇融入学校、家庭、社区的日常场景中**。经过前一阶段的指导后，如果孩子没有机会想到并使用这些词汇或者概念，它们就不会成为孩子的储备技能。

- 如果你是治疗师或是教育者，**需要把里面的要点积极地分享给学生的专职辅助教育者，特别是他们的家人**；向他们解释已经教授的概念，给家庭寄相应的资料，帮助家长和看护人把在诊所或课堂中学到的知识延展到日常生活中使用。

- 尽管设计以特定顺序教授词汇，概念也相辅相成，但当你对第一辑足够了解时，**便能把里面涉及的新的概念在合适的时机引入！**我们不希望孩子准备运用之前被陌生的新概念混淆。如果我们觉得学生没有很好地掌握，需要放慢速度，直到他们掌握了正在学习的章节。

- 与学习特定的社交技巧不同的是，**我们不要求孩子精通这些社交概念**。社交学习是终身的，并且它会随着我们年龄的增长有所改变。我们不要求孩子掌握书中提到的所有想法与行为，他们的学习是持续性的，且永无止境。尽管我们以线性的方式来教授这些概念，但它们都是环环相扣。我们引入每一个新的概念后看如何把它们相连接。

这种教学方法区别于传统的社交技能教授方式。我们在努力创建一个综合的思考模式，为了展示如何把这些概念组合在一起，而这个也是神经发育正常的孩子自发获取社交信息的过程。本质上，我们正在帮助孩子明白如何运用这些社交概念。在认知行为层面，我们有必要以线性的方式和认知语言方法教授社交思维。但同样重要的是，我们要帮助孩子理解为什么这些概念和技巧是协同作用的，又是怎样互相依存的，以及使用这些概念和技巧相互协同作用的方式与重要性。最终孩子可以获得在合作性的游戏中和在小组中学习的能力。

- 我们**需要注意的是，社交学习困难的学生在学习这些概念时会学得更慢，也需要更多练习**。不要因为他们在学业上较聪明或者有较大的词汇量，从而假定他们在学习社交信息时会更容易或者更快地习得社交概念。教学的速度要以学生学习的速度为基准。我们不是按照固定的教学计划（如每周一单元）然后一步步推进教学进度。有些单元较为复杂，需要我们用更多的时间教学；有些学生需要依靠更多的活动练习才能真正习得这些概念。因此，请仔细回顾本书开始时列出的"尽责检核表"中建议的教学练习。

- **不要期待孩子仅仅通过使用这个教程就能够在社交意识上赶上同龄人。**这个教程将帮助他们建立基本的社交技巧，并且使孩子与自我相比有较大进步。但当学生学习到更多内容时，他们的同伴也在他们的社交发展中不断地进步。因此，社交学习对我们任何人来说永无止境，对社交学习困难的孩子来说，他们需要用双倍的努力去学习。随着他们年龄的增长，这些概念会在思维层面上扩展，他们也会持续学习。

- 最后，① **不要假定孩子的反应**；② **将发展的期待值牢记在心**！对学生的心智请保持好奇心，好奇他们是如何学习，好奇我们可以如何参与到他们的社交探索中。我们要为了确保他们习得了他们真正学习的内容持续"摸着石头过河"。当遇到阻碍时，我们应寻找灵活的方法解决问题。我们应该将理论结合实践：鼓励学生参与其中，使其成为更好的社交探索者和社交问题解决者。

我们意识到不同的治疗模式（包括推入、拉出或介于两者之间）开展时，学校的场景设置也是多样的。我们也会发现我们的受众有私人治疗师（每次课只有1小时）到学校老师（他们只有20分钟或者更少的时间带领社交小组）。我们也希望老师能意识到把社交思维词汇融入日常教学中的重要性。不管你的场景或者时间是否受到限制，单元的教学计划都可灵活调整。我们鼓励你们循序渐进地教授社交概念，不必遵循特定的时间表或课程计划。对于学龄前和学龄早期的孩子而言，重复是很关键的，无论其中的概念是什么，都需要重复。我们要记住，好的社交学习是缓慢而深入的过程，而社交学习困难的学生，需要在认知层面上学习神经发育正常的同伴自发学习的内容！

评价学生的学习情况

表2能帮助你观察与评估学生的理解和应用水平。在每个单元中,针对每个词汇概念的特定关键点会放在回顾的课程节次。要注意评估学生的发展水平期待值,要考虑到言语能力较弱的孩子需要更多的时间在语言层面上进行词汇学习,但他们实际上也可能有能力使用这些词汇。

表2　学生学习情况评价表

1=	没有理解概念。他们没有使用词汇或表现出任何要求的行为。
2=	逐渐意识到概念。也许可以指出或举例说明概念在别人身上的使用或误用,但即使得到最大限度的支持和提示,也无法展示如何使用。
3=	逐渐意识到概念。也许可以指出或举例说明概念在他人身上的使用或误用,并在最大限度的支持和提示下能够展示如何使用。
4=	对概念有深刻的理解,并能在适当的提示下展示如何使用。
5=	对概念有深刻的理解,并能在少量的提示下展示如何使用。

如果你给一个学生的大部分要点打分为1分,需要考虑:
课程设置是否适合该学生?（见第36页教程概况）

如果你给一个学生的大部分要点打分是2或3分,需要考虑:
在进入下一单元之前花更多的时间教授此概念。用不同的方式和在不同的环境中探讨此概念。

如果你给一个学生的大部分要点打分为4分或以上,需要考虑:
当你在进行下一单元教学或深化本单元的知识时,继续在情境中和教授时刻使用此概念。

记录目标的想法

在每个单元的结尾,你有必要花一些时间来回顾学生的社交意识以及回应方式,在这个单元及往后覆盖的知识领域中评估他们的能力。如果你读到这里,你现在也许能意识到(或者你已经知道了),社交思维和社交功能是复杂的,多因素的和多维度的。我们建议你运用上述表格,因为有严格绩效的目标是无法产生灵活的社交思维,而灵活的社交思维正是我们想要传授给我们学生的内容。

在附录D的评估表格中列举了一些制订目标的示例。我们不必罗列出治疗相关的每个概念、技巧和行为。我们可以运用这些作为参考来帮助你,整理你的认知和发现,从而做到因材施教,设定适用于每位个体的可实现目标。

使用《非常灵活的你》音乐

我们能够在苹果软件和亚马逊上下载在故事书和教程中提及的《非常灵活的你》音乐。这个音乐合集包含了汤姆·沙潘和菲尔·加尔斯顿开发的12首乐曲,他们都是格莱美音乐提名的音乐人。这本音乐合集促进并强化了在每本故事书和教程中概念的引入。在很多单元中,我们都提供了特定的建议,关于如何使用这些音乐来构建结构化活动。我们鼓励你在我们建议的场合中使用这些音乐,你也可以在其他场合使用。你可以在午餐时间、等候时间、自由活动时间或者孩子收拾书包回家时播放这些歌曲。音乐能激发动力并且其效果立竿见影。研究表明,在治疗中使用音乐能促进倾听者更高的参与度!音乐的使用能促进社交思维词汇的持续记忆,同样也提供了一种有趣的方式回顾和强化这些重要概念。

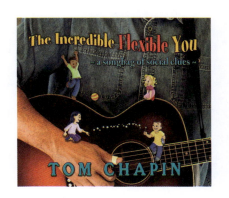

单元大纲

每个单元都是以下列提纲中显示的结构来设置的。这个部分内容会提供开始课程的指导语,以及教授词汇概念的一些小贴士和建议。

目标社交思维概念

确定这一单元需要学习的社交思维词汇。

定义

对于目标概念提供一个简短的定义,适用于与孩子分享。

我们为什么教授这个概念

对于早期学习者,我们要强调教授社交思维和解决社交问题在整体概念框架中的重要性。

本单元教学总览

快速一步步提醒单元教授。

单元计划

制订单元计划的目的是持续提醒这个小组要开始了。这里设定了提醒孩子考虑他人以及一天即将进行的活动的各个阶段。采用这种方法,学生会知道每次小组开始时他们应该要做什么。这一预设可以增强参与度和降低焦虑。

在你的第一节课开始之前,你需要准备一些在每次单元计划中会用到的材料。你需要为小组的孩子拍张照片,然后过塑,以后在每节课上你都会用到它!

如何进行单元计划

1. 在学生进来前:
   - 画一个很大的"想法泡泡"在白色或者黑色纸板上。
   - 写上今天的课程计划,这需要用可视化的方式。可以在附录中找到能使用的例子,你也可以用照片的方式进行,在网上下载图片,或者画火柴人。

2. 当孩子进入教室后,引导他们找一个地方坐下来,然后让他们的"身体在小组中"。我们用一块方地毯、泡沫片或者儿童椅等来界定个人的活动范围。

3. 当每个人都坐下来后,我们把装有学生照片的信封拿出来。

4. 告诉孩子,"让我们找一下谁今天在小组里。"

5. 拿出一张照片然后给小组成员展示。当所有人都看到这张照片时,一起欢迎这位孩子。这是一个很好的机会来讨论一下当我们向一些认识的人打招呼时,我们希望得到反馈(我们看着那个人,以此来表示我们想到他,用我们的语言或者招手的方式并把我们的身体转向他)。确保同时讨论如何欢迎别人让对方感到很高兴并融入这个小组。

6. 小组完成欢迎仪式后,学生可以把照片放在"想法泡泡"下面。用孩子的名字说,"某某是这个小组的一员,已经准备好想小组计划了"。当孩子对于这个模式更加熟悉之后,鼓励他们在摆放照片时使用词汇,比如,"我是这个小组的一员,我已经准备好想小组计划了"。

7. 每个孩子按照同样的程序进行,最后,每个在场的孩子都需要把照片放在"想法泡泡"下。

8. 接下来,分享今天的计划。最后,你的白板要和下一页展示的示意图相似。

开场活动：阅读故事书

这个部分会给老师和干预老师提供一个给孩子阅读和讨论故事的计划，在开始学习每章节或者故事前，介绍需要用到的材料和物品。

- 故事摘要。
- 准备故事中的教学材料。
- 介绍故事中的概念。
- 阅读故事。
- 教学时刻。

如何使用故事书

1. 从封面开始：

   在打开故事之前，花些时间来观察故事封面的插画，帮助你的小组对故事开始进行"聪明地猜测"。可在正式引入合理猜测的概念前用一些合理猜测的词汇。这样能提前让学生接触这一概念，并在情境中对概念进行阐释并练习。可指出重要的信息或线索帮助学生决定故事的走向，比如：

   - 故事中的角色在哪里？是在何种语境或情境下？
   - 谁在那里？
   - 他们在想什么？
   - 他们感受如何？
   - 他们在做什么？
   - 他们计划是什么？他们下一步要做什么？

2. 教学实践与即兴活动：

   这些故事是让孩子在学习过程中能够进行互动和参与。在故事的整个过程中，你能发现在每页下面都有一些图标来推动对故事文本的教学。（注意：不是所有的故事书都用这三类图标）。

   图标展示如下：

这个"停一停，注意"图标能帮助孩子注意到此处要暂停并且强调该页中并没有明确表达的额外信息。

例子包括：

- 关注在插画中的概念。比如，在《身体在小组中》(故事书4)中，停下来和注意到鱼群都是把他们的身体放在小组里但是章鱼就不是。
- 注意到脸部表情作为理解角色感受和想法的线索。
- 指出前面在故事中提到的词汇："他的身体在小组里！"

"停一停，讨论"的教学时刻通过让孩子加入讨论，让老师能够更深入地了解学生的学习情况。他们也会提供机会来复习之前的知识点和经历。

例子包括：

- 聪明地猜测角色的想法和感受或者将要做的事情。
- 谈论一下为什么故事中的角色会产生这种感受。
- 在《小组计划》(故事书2)中，停下来讨论为什么埃莉会因为别人不跟计划走而感到沮丧？

当你看到"停一停，做一做"的图标，是时候站起来并把学习到的概念应用到实践中了！这些都是即兴活动，能够让你在读完故事后仍然能够继续强化里面学到的概念。比如，在《想想法与感受情绪》(故事书1)中，一个"停一停，做一做"的活动就是要按照部分故事情节演练。

每个单元都会包含"停一停，做一做"的活动指令。它们都是一些能吸引孩子参与的活动，也是能丰富和扩展学生所学知识的一个有趣的机会。

结构化活动

游戏、活动和来自音乐专辑的歌曲，能够用于强化教授概念，也能够给予学生结构化活动的机会来把社交概念付诸实践。

戏剧化游戏：强化概念和词汇

分享想象是游戏和对话的核心。当我们参与有创造性和互动性的游戏时，我们通常会考虑其他人的想法。这让我们能够分享头脑中的想法，由此和我们所有的玩伴一起创造和维持游戏。为了分享这个想象，你需要与那些遵循相同计划的同伴来协调你的想法、目标和兴趣。我们的学生也许有很优秀的创造性想法和想象力，但通常对于分享自己的想法这一点他们会遇到困难。

戏剧化游戏部分是结构化较低的游戏时间中使用概念的特定例子。这是一个好机会使得孩子们在真实的情境中与其他学生在分享想象的实践活动中使用词汇和概念。

在戏剧化游戏的过程中，我们也会引入三个部分的游戏理念：设置场景、游戏时间和收拾整理。我们教导学生这个顺序，有助于他们知道合作性游戏包含了不仅是"做什么"本身。当我们和他人合作时，第一步需要设置场景，这时候我们要决定做什么，并且确保考虑到每个人的想法。这就是合作的阶段。第二步，我们参与到真实的游戏中。第三步，也是最后一个部分，就是收拾整理，我们包含这一步是因为针对合理结论的互动是执行功能和实现个人目标的一个重要方面。

设置

让孩子分享他们自己的观点并制订一个小组计划：

- 我们知道_____（今天的主题）是什么？
- 我们需要什么材料？
- 我们知道人们也许会说什么和做什么？
- 当小组有了头脑风暴，就可以开始游戏。

游戏

根据小组对于概念的熟悉度以及他们的学习速度，你可以与带领的小组跟随以下的一个方向：

- 首先你会引入概念，老师选择活动，每个人遵循计划。
- 然后，他们能够轮流遵循每个人的计划。
- 最后小组可以一起决定一个计划，中间涉及让步和协商。对于最小的和灵活性最差的学生来说，这有可能把他们的想法整合到一起。最后，能实现某种程度上真正的意见一致，但需要注意的是：有些小组也许很长时间都没办法达到合作游戏这个阶段。

假扮游戏的挑战性在于游戏基于学生很多的核心差异，包括言语、黑白思维、思维僵化程度或者无法换位思考等。这些学生也许会沉默、退缩、拒绝或者坚持认为他们用的道具就是球而不能假装是苹果，那个6米外的女孩就是在教室里面，而不是在水里，她也绝对不是一条人鱼！以下是一些能帮助你处理这些挑战性时刻的小方法：

- 帮助他们成为小组一员，即使他们不能够一起玩或者一起进入想象环节。
- 帮助他们观察游戏的过程中同伴在干什么：他们在干什么，说什么，又可能在想什么？
- 增加可视化——利用图画或者玩具来阐释语境。
- 提供更多有代表性的具体材料。比如，用玩具食物的时候，用塑料苹果而不是用苹果的图片或者红色的球代表苹果。
- 告诉他们具体的参与方式。花点时间沟通和思考他们能做些什么和说些什么以便成为计划中的一部分。

收拾整理

收拾整理对于很多游戏来说都是重要的环节。首先，就像我们之前留意到的，这是一个很重要的执行功能技巧，能够让孩子参与到计划、执行以及后续的任何活动中；其次，这是一个很好的强化所学概念的时候：大家一起决定玩什么，所有人都一起玩，然后小组的每位成员一起收拾；最后，一起结束这三个部分就代表我们遵循了小组计划。

结束环节

在开始环节，就需要想好每节课与之对应的连贯性结尾。这个结束活动信号的出现意味着这个环节接近尾声，学生们要准备转换到其他活动。这也提供了一个机会，让别人看到学生们如何在小组中成功地参与，由此留下好想法。

如何进行结束环节

- 指导学生回归小组并找到座位。
- 对一天的活动做出简短的总结。如"今天在小组中，我们学会如何全身倾听。"
- 告诉每个学生他在哪个环节，做了什么给别人留下了好的感受，这对他们来说是积极和有针对性的反馈。

比如"乔斯能够马上归队。简能够用眼睛思考。凯尔能够在恐龙游戏中遵循小组计划。泰尔在停止火车游戏时表现得很灵活。"

- ○ 当你给予他们积极地反馈时,把"想法泡泡"道具举在头顶表明你对每个孩子都有想法。
- ○ *注意: 我们知道(当然也绝对体会过)很多时候孩子在小组里面给我们留下的不是好的感受! 因为一些原因,我们只是选择性地反馈积极的瞬间。学习这些社交词汇时,我们要建立一个积极的基调。从我们的经验出发,当孩子持续反复地听到负面反馈时,他们会开始把词汇学习和不好的体验联系在一起。相反,如果我们强调"灵活"和积极的瞬间,他们能感受到成就感,并对于往后学习更有挑战性的情境保持更开放的态度。同时,当孩子听到对于自己行为积极的反馈时,他们会倾向于重复它!*
- ○ 如果你发现学生在某种情境下特别不顺畅,并且真的发生了,要试着找到弥补的时刻。这并不是说困难时刻应该被忽视。我们需要好好地沟通,并设置有助于实现小组计划的行为期望。在不顺畅的时间内,更多地关注他们做了什么改变了你的想法。
- ● 当把他们的照片一张张放回信封里面,让小组成员互相道别(引导预期的行为)。

课后教学

学习的过程不会因为单元学习的结束而停止! 在这个部分,你会发现我们能够在其他场景扩展词汇的使用。需要留意的是,社交思维词汇是需要贯穿于孩子家庭、学校和社区的生活中。社交思维在任何时候都可以产生!

小结: 评价学生在本单元的学习情况

包括在本部分的是课程中第40页讨论的内容,核心概念的特定要点需要学生在单元学习后习得。你可以用这些评分标准来评估学生的知识程度,在他们进入下一个社交思维单元前,根据分数来决定是否需要更多的时间或学习来支持。

《告家长书》

这个部分包含了对于教程的介绍,每单元学习后会给父母或者看护人一些资料来介绍社交概念,以及社交学习的重要性,也提供了课堂之外能用到的一些活动,从而将所学知识扩展到不同场景。这个资料可以从书中直接复印,或者针对个体的观察或特定的小组活动来进行调整。

单元重点

每个单元的模板都在本书后面的附录中能找到,你也可以找到每个单元的"概念"模板来对已使用过的词汇进行提醒。

想想法与感受情绪

目标社交思维概念

什么是想法？什么是感受？

定义

你的大脑是一个制造想法的地方。我们认为想法是一个主意、一个画面或是一句无声的话。你内心承载的感受。我们认为，感受是你产生的情绪。为了帮助我们更好地表达情绪，我们创造了词汇，诸如**快乐、难过、生气和害怕**。

我们为什么教授这个概念

社交思维与想法和感受的关系密不可分。为他人考虑的能力，协作完成游戏，以及建立友谊都需要有想法：了解自己的想法，与他人分享并在行动和反应中考虑他人的想法。我们先介绍这些概念是因为所有的社交思维概念和词汇都与想法相联系。（你怎么想呢？我在想什么呢？这个小组在想关于什么的话题呢？）我们让这些与感受联系在一起是因为我们的想法和感受往往是不可分离的。

在探索想法和感受时，我们首先要建立与身体部位的联系。年幼的学生们知道我们都有许多身体部位，每个部位都有自己的工作职责。例如，我们可以看到手能拍，脚能跳和跑。我们将这些信息与更抽象的想法和感受联系起来。也就是说，我们身体内部的其他器官也有重要工作。我们的大脑和心脏是我们与人相处时使用的两个器官。我们的大脑是想法的"制造者"；我们的心是感受的"守护者"。

本单元教学总览

- 通读单元计划和与之相关的教学时刻活动。
- 通读故事书，注意不同地方需要"停下来，做一做""停下来，注意"和（或）"停下来，讨论"。
- 通读单元内要完成的不同结构化活动。
- 准备材料：为不同的活动制作道具、收集玩具、图像等。
- 熟悉本单元教学中使用的歌曲的歌词。
- 回顾本单元"要点"部分的核心概念和准则。
- 回顾关于这个概念的目标的建议。（请在附录D中找到目标）

单元计划 ①

我们建立了一个单元流程,在每个单元中重复使用,以帮助学生们做好学习准备,在教学过程中参与进来,并意识到教学何时结束。这有助于学生保持内在的条理性,也可以帮助老师在教学时更有组织性。单元流程如下:

- 单元计划。(详见第43页)
- 阅读故事书,使用其中的教学时刻建议。
- 做一些结构化活动。
- 在戏剧化游戏中强化概念和词汇。
- 结束环节。(详见第48页)
- 寄送《告家长书》(附录C)。

开场活动：阅读故事书

《想想法与感受情绪》

故事摘要

认识出现在故事书中的主要角色埃文、埃莉、杰西和莫莉。在第一个故事《想想法与感受情绪》中,我们了解了两个重要的概念:想法和感受。

准备故事中的教学材料

在阅读第一本故事书之前,你需要创建一些材料,当你遇到不同的"停一停,注意""停一停,讨论"或"停一停,做一做"图标时将使用这些材料。请在附录A中查找所有模板。

附录A包括故事书中所需的"教学时刻"图标。虽然使用这些可视的工具不是必要的,但如果你想在故事的适当时候展示一些东西,可以先打印图标,然后剪下来过塑或是将它们打印在硬卡片纸上,都是有帮助的。

第11页　掷骰子：你的身体可以做什么？

组装骰子:

- 使用附录A中提供的模板剪下身体部位卡片。
- 将卡片贴在一个大的方形积木的每一面。
- 替代建议:

○　使用土豆头先生玩具并找出各个身体部位。

○　将身体部位或单张卡片放入不透明的袋子中,一张一张地抽出。

制作说话泡泡道具

使用模板剪下说话泡泡,转印到厚卡纸或覆膜,使其更耐用。

第15页　制作想法泡泡道具

(注意:你还将在后面的单元中使用这些道具!)

教师的想法泡泡(小组内成年人每人一个)

- 使用模板剪下想法泡泡(可在附录A中找到所有模板),转印到厚卡纸或覆膜,使其更耐用。

- 将想法泡泡贴在尺子或棍子上。

- 贴上魔术贴条带或圆点(你经常需要在想法泡泡中贴上各种图像)。

儿童的想法泡泡(每个孩子一个)

- 使用模板剪下想法泡泡。转印到厚卡纸或覆膜,使其更耐用。

- 将想法泡泡贴到冰棒棍上。

第17页　《想法产生的地方》音乐活动

- 准备音乐专辑,播放曲目1:《想法产生的地方》

- 预览歌词(附录B)。

第19页　"我在想什么……找到它"游戏

- 如果你还没有制作想法泡泡道具,请立即制作。

- 收集红色、蓝色、黄色和绿色的纸。

- 裁剪成小到足以放入你的想法泡泡道具的方块。

- 找到房间周围(对应颜色)的物品。

第26 ～ 29页

收集以下道具:

- 用来吹的泡泡。

- 蜘蛛。(木偶、玩具或图片)

- 绘有艺术作品(绘画)的纸。(可以撕成两半的东西)

- 冰激凌蛋筒。(玩具或图片:冰激凌球必须能够与蛋筒分离)

《告诉我你的感受》音乐活动

- 准备音乐专辑,播放曲目2:《告诉我你的感受》。

- 预览歌词(附录B)。

介绍故事中的概念

介绍故事背景和故事中的新词汇。"今天我们正在阅读关于埃文、埃莉、杰西和莫莉的故事,他们是这个故事的主要人物。他们在课堂上,正在学习所有关于想法与感受的知识。他们有想法和感受,我有想法和感受,你也有想法和感受! 这就是我们今天要学习的内容!"

阅读故事

开始阅读故事,在下面描述的"教学时刻"暂停,这将帮助你扩展学习。

教学时刻

第11页

掷骰子:你的身体可以做什么?

在开始这项活动之前,向学生展示骰子上不同身体部位的图片。当你展示嘴巴的图片时,拿出你的说话泡泡道具。然后展示故事书(第11页)中杰西的插图,并说明当我们看到说话泡泡时,这意味着话是某人说出来的。在这个插图中,杰西正在说话,所以我们看到了一个说话泡泡。

掷其中一个骰子。骰子朝上的身体部位将是你的关注点。指着自己相应的身体部位,举几个例子,说明你可以用它做什么。例如:"我用脚走路、跑步和跳跃。"然后让小组其他成员一起做这些动作。"现在,让我们都用脚跳。现在,让我们都用脚走路。"

让孩子们轮流掷骰子并分享他们的想法。

其他身体部位的例子包括:

- 手:投掷、绘画、搭建。
- 嘴巴:吃、说、唱。(让学生说话时把说话泡泡道具放在嘴边)
- 眼睛:眨眼、看、看别人。
- 耳朵:被动地听、主动地听。

替代选择:如果你没有骰子,请使用单独的卡片或玩具道具。例如,土豆先生的道具效果很好用。将它的身体部位放在一个袋子里,让孩子们轮流从袋子里挑选。

第13页

让学生触摸他们的头部和胸部，以表示他们的大脑和心脏的位置。说一说它们在我们的身体内是如何的。

第15页

向学生展示你制作的想法泡泡道具。

第17页

音乐活动：《想法产生的地方》（曲目1）

- 向所有孩子分发想法泡泡道具。
- 在开始播放音乐之前，告诉他们将聆听"想法"这个词。听到这个词，他们可以将想法泡泡道具举过头顶。
- 和孩子一起听歌词（表演拍手、踩脚等）。当你听到"想法"这个词时，把你的想法泡泡举起来。

第19页

指出故事中的每个角色在怎样想这个游戏，以及他们在一起时，怎样想其他孩子的。例如，埃文正在想与埃莉、杰西和莫莉一起玩球类游戏。他正在想比赛，并想小组中的其他孩子。埃莉正在想与埃文、杰西和莫莉等人打球。你的目标是介绍这个概念，即我们在想正在做的事情的同时也想周围的人。

"我在想什么……找到它"游戏

一开始，每个人都站起来。将你的想法泡泡高举过头顶。在想法泡泡中放置一个彩色方块，然后对小组成员说："我在想一些东西（红色的）。"告诉学生找到某样东西（红色）并用手触摸它。例如，一个孩子可能会摸一把红色的椅子，另一个孩子可能会摸一个红球。允许多个孩子触摸同一件物品。当每个人都在触摸（红色）物品时，请说："我们都在想（红色的）东西！"换一个新颜色继续进行这个游戏。

第20页

问你的学生："除了生气、害怕、快乐和难过之外，你还知道哪些其他表达感受的词汇？"

停一停，注意

第24页

讨论不同的角色，指出他们心脏的位置，以及每个角色的相关感受。

停一停，做一做

第26 ～ 29页

当你阅读这几页时，请使用道具来表演书中的场景。将一张艺术作品撕成两半，让蜘蛛木偶或玩具四处爬行，吹泡泡，然后在地上丢一勺玩具冰激凌。在每一页，让你的学生想象他们在这种情况下的感受。让学生站起来，一起表演不同的感受。鼓励他们展示每种情绪的各种面部表情和肢体动作。请记住，这项活动的主题是自我意识，而不是脱离情境去解读他人的情绪。我们希望学生想一想在不同情绪体验时他们的面部表情和肢体动作以及感受。

音乐活动：《告诉我你的感受》（曲目2）

- 和孩子一起听歌词，这样孩子们就可以练习用他们的面部表情和肢体动作来表达各种感受。
- 如果孩子们记不住不同的情绪看起来是什么样的，请再次阅读故事中的那些页面，使用表情或情绪图标或杂志中的图片等，并在歌曲播放过程中，张贴在附近作为参考。

停一停，讨论

第31页

问学生："莫莉如何看出埃文很生气？他的面部表情和肢体动作有什么提示？"

停一停，注意

第34页

让孩子们注意每个角色自己的想法。埃文想如何加入积木城市？埃莉呢？杰西呢？莫莉呢？

单元 I 结构化活动

完成故事和相应的"教学时刻"后,可使用以下活动来强化社交思维词汇。请记住,你的目的是在教学时刻示范如何使用这些词汇。

注意学生思考想法和感受的时间。当学生对上面的社交思维词汇已经掌握时,再使用词汇是很重要的,这样才能将注意力集中在他被期望所做的事情上。如果这些词汇只是用来告诉学生们什么是不能做的("库珀没有想我的感受。"),那么学生们就会将这些词汇和不良行为相联系,而不能帮助他们学习积极行为。在这个单元中,尽可能多地让学生们意识到我们总是有想法和感受。有些活动需要提前准备材料。

1 他们喜欢思考什么?
活动 熟悉角色的乐趣

开始之前:准备材料

- 找到你(老师)喜欢做或想的事情的图像或照片。
- 从书、电影或电视中找到3～4个大家熟悉角色的图像、毛绒动物或玩具。你的学生对这些角色了解得越多越好。
- 找到每个角色可能会想到的事物的图像。例如,饥饿的毛毛虫喜欢想到食物。芝麻街的厄尼喜欢想到他的橡皮鸭。将魔术贴贴在每张图片的背面。在活动中,你会把这些图像贴在你的想法泡泡道具上。

活动1介绍

使用想法泡泡道具和你喜欢的物品的图片。将想法泡泡举过头顶并告诉小组成员:"我喜欢想很多事情。我喜欢读书。我喜欢想到书籍。"然后选择一张图片(如书籍)并在将其添加到想法泡泡时说:"我喜欢想到阅读。"然后在想法和感受之间建立联系。"我喜欢想读书。这给了我一种快乐和平静的感受。"对你喜欢想到的其他事物的图片进行相同的操作。

通过谈论书籍、电影或电视中最喜欢和熟悉的角色来扩展讨论。例如,厄尼喜欢想他的橡皮鸭,而饥饿的毛毛虫喜欢想食物。使用你的想法泡泡道具并将其举到角色的头上。询问你的小组成员"饥饿的毛毛虫可能会想什么?"如果他们在回答时遇到困难,你可以提供一些选择:"毛毛虫喜欢想食物还是他的橡皮鸭?"一旦小组找出正确答案,将图像放入想法泡泡并复习,"毛毛虫喜欢想食物。这让他有一种快乐的感受!"

2 活动 你有一个想法！

开始之前：准备材料

- 收集各种道具用作示例。活动中提到的那些道具包括一个水桶、一个呼啦圈和一本书。你可以使用其他物品。

活动2介绍

这项活动的目的是提高孩子们的意识，即使他们没有意识到，他们也在想。为了引起人们对这个内部心理过程的注意，可以做一些出乎意料和与众不同的事情！

首先在你的头上搭积木。当孩子们观察到你做出这个意想不到的动作时，告诉他们："你们有一个想法！看到我在头上搭积木，觉得这很愚蠢。"然后，在每个孩子的头顶上方举一个想法说："你对我有个想法！"

向每个孩子分发想法泡泡道具。当你做更多意想不到的行动时，鼓励他们举起想法泡泡并使用词汇，"我对你有个想法！"

这里有一些可以帮助你启动活动的建议，但你可以随意使用你自己意想不到的示例！

- 脱掉鞋子，把手伸进去，然后把鞋子拍到一起。
- 把水桶当帽子戴。
- 躺下假装睡着；甚至打鼾。

- 玩呼啦圈。
- 把一本书放在你的头上。
- 跳火鸡舞。

3 活动 《告诉我你的感受》音乐活动

开始之前：准备材料

- 调整音乐到曲目2，《告诉我你的感受》。
- 预习歌词（附录B）。

活动3介绍

再次使用《告诉我你的感受》歌曲作为进一步练习和学习的机会。在播放音乐之前，与你的学生一起回顾故事中描述的每种感受在他们的脸上和身体上的表现。

在器乐部分，选择一个学生进入圆圈中间并表现出一种感受。然后所有的学生都表现出同样的感受。

注意：我们的许多学生在发起和产生想法方面都有困难，尤其是围绕感受的话题。你可以向他们展示不同情绪的视觉效果（如故事中的相关页面），以便他们在轮到之前进行选择。

思考还是说话？

活动4

开始之前：准备材料

收集材料（日常物品）并放入袋子中。

活动4介绍

快速复习：展示想法泡泡和说话泡泡，并解释两者之间的区别。当其他人正在想，在他们的大脑中产生图像或安静的话语时，想法泡泡就会出现。当有人大声说某事时，就会出现说话泡泡。

首先，为学生示范活动，取出装满日常物品（记号笔、纸、杯子、玩具）的袋子。告诉学生："我有一个装满东西的袋子。我要伸手去拿一件物品。我会想那件物品。我不会说什么。我会把这句话存在大脑里。"

从袋子中取出一件物品。把你的想法泡泡放在头部。将这件物品放入想法泡泡中。然后告诉学生："我正在想这件物品。"

接下来，取出说话泡泡道具并放到嘴边。告诉你的学生："现在，我要说一说这件物品。我找到了一支记号笔！"

让孩子们轮流模仿你的示范。使用适当的道具对比想和说话的区别。

戏剧化游戏：强化概念和词汇

开始之前：准备材料

收集与建造积木城市相关的图像，供你的学生们在谈话、头脑风暴和计划时使用。例如，你可能会收集一组木块并（可选的）将商店店面的图画贴到某些木块上。

示例可能包括：

○ 加油站 　　　　　　　　　　○ 图书馆
○ 警察局 　　　　　　　　　　○ 消防局
○ 杂货店 　　　　　　　　　　○ 学校

- 收集车辆（汽车、卡车、公共汽车）在城市中行驶。
- 找其他道具，用于帮助实现你或孩子们可能会产生的关于建造积木城市的想法。

建设积木城市

在结构性较弱的游戏时间，使用社交思维概念和词汇，是帮助孩子们学习与同伴一起使用这些词汇的绝佳机会，这将使他们体会到我们一直都有想法和感受。

"在我们的小组中，我们阅读了关于埃文、埃莉、杰西和莫莉的故事以及他们的想法和感受。在故事的最后，他们分享了一个共同建造积木城市的想法。今天我们也要做一个积木城市！让我们想象一个城市的样子。我们都有哪些想法？"

你可以使用故事插图来帮助提供一个情境。问孩子们关于城市的不同问题：

- 谁住在城市？
- 你看到了什么地方？（图书馆、公园、杂货店、加油站、房屋、公寓、商店、学校）
- 人们如何在城市中穿梭？（步行、开车、自行车、公共汽车、有轨列车）

当孩子们进行头脑风暴时，将物品的图片放在想法泡泡中。例如，如果一个孩子分享她看到一所学校，把一所学校的图片放在想法气泡中。如果孩子分享了一个没有被描绘出来的想法，可以随意画一张图来直观地表达他或她的想法，并将其贴到想法泡泡上。

"我们一起想象了一座城市以及所有我们可以看到和做的不同的事情。城市那么大，需要很多人来共同建设。一个人可以建造他或她自己的房子，但建造一个街区需要一群人。让我们制订一个小组计划。我们应该一起建设什么样的城市？"

倾听学生们关于游戏头脑风暴的想法。这些可能包括：

- 铺路。
- 建设学校、图书馆、加油站、警察局等。

- 使用角色（毛绒动物、人物玩偶）在城市中穿行和玩耍.带他们去商店,给他们的车加油,去公园,坐公共汽车。

一旦小组成员们有了头脑风暴产生的想法,就该制订小组游戏计划了。你和学生将会按照下列的某一个方向进行游戏:

- 老师做出决定后每个人都按照这个计划执行。
- 依次按照每个孩子的计划进行游戏。
- 学生们把他们的想法一起讲出来,然后制订小组计划。*

*　请记住,**有些小组不能合作性玩耍很长时间!**

游戏

戏剧化游戏的目标是在行动中展示词汇。帮助你的学生更好地意识到他们何时有想法以及伴随着这些想法的感受。

在整个游戏过程中,提供视觉支持。每当你使用词汇时,请使用想法泡泡道具。例如,当你说:"我们正在一起建造一座积木城市。我们想用积木块搭建!"随着游戏的发展,请将想法泡泡道具放在附近。如果小组的目标从建造图书馆转向在城镇周围驾驶公共汽车,请使用想法泡泡来说明其他人想法的变化。"乔什正在想开公交车。""我们在建设城市的同时都在为彼此着想。"

在积木城市戏剧活动的背景下模拟想法和感受词汇的使用。参考以下示例:

- "凯尔想建一个警察局,而特雷斯想铺路。他们可以把他们的想法结合起来,让道路连接起来通往警察局。"
- "简和乔现在在想什么?让我们看看她们在玩什么?"
- "菲尔感受如何?让我们观察他的面部表情和肢体动作。"
- "埃里克想建造一座摩天大楼,但积木不停地倒塌。他看起来像是在生气。他的嘴角向下变成了皱眉的表情。"
- "瑞恩正在帮助埃里克搭积木。他想到了埃里克的感受。这让埃里克感到很快乐。瑞恩也觉得很好。"

游戏的最后一部分永远是收拾整理!在这段时间,继续使用学到的词汇,并鼓励学生使用自己的想法泡泡来表示他们正在思考着任务和彼此。如:

收拾整理

- "我正想清理。"
- "安正在想把积木放在架子上。"
- "雅格想帮安打扫卫生。"
- "我们都想一起打扫卫生。这让我觉得很快乐!"

课后教学

本单元课程结束并不意味着学习就此停止！在后面的单元里以及与学生共处的时间里，继续使用和强化这些词汇。以下是一些建议。

准备小组活动前：

- "现在是小组时间。我在想每个人都应该在小组中。"
- "格雷琴正想坐在蓝色方块地毯上。"
- "维登已经准备好了。他正在想我们的小组。"
- "我正想给大家读一本书。"
- "我看到丽莎在微笑。她觉得很快乐。"

课间时间：

- "梅根喜欢积木。她正想玩积木。"
- "易卜拉欣不喜欢玩面团。他在想另一个选择——拼一个拼图。"
- "巴勃罗和莉拉正在一起玩车。他们面带微笑，玩得很开心。
  他们感到很快乐，并为彼此着想。"

小组活动结束后：

- "今天我们在小组中和恐龙一起玩。我们正想着恐龙。"
- "小组时间到了，是时候清理了。"
- "是时候和对方说再见了。"
- "今天我们都完成了小组活动。每个人都玩得很开心。你可以从我脸上的笑容看出我很快乐。很期待下次再见到你们。"

小结：评价学生在本单元的学习情况

下面的表格是我们希望学生们从本单元学到的关键概念的计分表。回顾这张表，并根据下面的评分标准评估学生的知识水平。

1=	没有理解概念。他们没有使用词汇或表现出任何要求的行为。
2=	逐渐意识到概念。也许可以指出或举例说明概念在别人身上的使用或误用，但即使得到最大限度的支持和提示，也无法展示如何使用。
3=	逐渐意识到概念。也许可以指出或举例说明概念在他人身上的使用或误用，并在最大限度的支持和提示下能够展示如何使用。
4=	对概念有深刻的理解，并能在适当的提示下展示如何使用。
5=	对概念有深刻的理解，并能在少量的提示下展示如何使用。

如果你给一个学生的大部分要点打分为1分，需要考虑：
课程设置是否适合该学生？（见第36页教程概况）

如果你给一个学生的大部分要点打分是2或3分，需要考虑：
在进入下一单元之前花更多的时间教授此概念。用不同的方式和在不同的环境中探讨此概念。

如果你给一个学生的大部分要点打分为4分或以上，需要考虑：
当你在进行下一单元教学或深化本单元的知识时，继续在情境中和教授时刻使用此概念。

单元 **1** 重点

《想想法与感受情绪》

我们期望孩子们接触（而不是掌握）以下概念：

- 关于大脑的基本信息
  - 他们有一个身体器官，叫作大脑。
  - 大脑在脑袋里，他们自己看不到。
  - 大脑的"工作"是想和产生想法。

- 关于心的基本信息
  - 他们有一个身体器官，叫作心脏。
  - 心脏在胸腔里，他们自己看不到。
  - 心脏是我们感受的"容器"。

- 关于想法的信息
  - 想法是你头脑中无声的文字或图画。
  - 我们用想法泡泡在插图中表达想法。
  - 和别人在一起时，我们都会有想法。
  - 别人和我们在一起时，也会有想法。

- 关于感受的信息
  - 我们可以从别人所说的、所做的、所看的了解别人的感受。
  - 我们可以通过解读他人的面部表情和肢体语言来观察他人的感受。
  - 我们考虑当下情境（我们周围发生的事情）来帮助确定别人的感受。

- 完成本单元后，我们希望孩子们开始使用大脑、想法、感受、思考的词汇。

《告家长书》：将学习延伸到课堂之外

当孩子学习新的社交思维词汇时，请求父母和家人的帮助，让他们在家里使用相同的词汇，这对孩子是很有帮助的。

《想想法与感受情绪》的《告家长书》包括一项活动，让孩子们有更多机会探索他们喜欢思考的不同事情。与家人分享这封书信，鼓励他们在家完成活动，并在下次交回想法泡泡讲义。然后让孩子们在下一次课程中互相分享他们的想法。

在本书后面的附录C中可找到《告家长书》。

附录C 《告家长书》

单元 **1**

想想法与感受情绪

特需儿童社交思维亲子共读绘本
想想法与感受情绪

《告家长书》和家庭活动

社交学习是关于"想法"和"感受"的。为他人着想、合作游戏和建立友谊的能力都是关于想法的；了解我们自己的想法，与他人分享，并在我们的行动和反应中考虑他人的想法。我们首先介绍这些概念，因为所有后续的概念和词汇单元都与想法相关。（你在想什么？我在想什么？小组在想什么？）我们将感受联系起来，因为我们的想法和感受是分不开的。

在探索想法和感受时，我们首先要建立与身体部位的联系。孩子们熟悉他们的身体，我们能够使用他们所知道的；我们都有许多身体部位，每个部位都起到重要作用。在大多数情况下，我们可以看到这些部位并观察它们的工作。例如，我们可以看到手拍手、握住和触摸，以及脚踏步、跳跃和奔跑。然后我们将这些信息与更抽象的思想和情感概念联系起来。也就是说，我们身体内还有其他部位也有重要的工作。我们的大脑和心脏是我们与人相处时使用的两个部分。我们的大脑是我们的想法"制造者"。我们将想法定义为你大脑中的主意、图像或文字。为了帮助我们讨论想法，我们使用"思考"和"知道"这样的词。我们的心是我们感受的"守护者"。感受是我们的某种情绪。为了帮助我们谈论我们的感受，我们使用快乐、难过、生气、害怕等词汇。

在第一本故事书中，我们遇到了4个主要角色——埃文、埃莉、杰西和莫莉。这四个孩子进行了许多冒险，以介绍和探索社交思维词汇和概念。在他们的第一次冒险中，他们了解了两个重要的概念：想法和感受。

在家里，要让你的孩子意识到他或她有自己的想法十分重要。我们通过引导孩子关注大而夸张的例子来实践这一点。当孩子们看到我们做一些意想不到（不寻常的、愚蠢的等）的事情时我们贴上标签说："我有一个想法！看我把鞋子戴在手上，你觉得那太傻了！你对我产生了这个想法。"

179

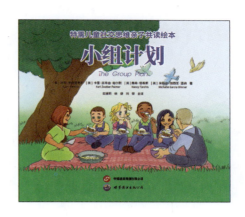

单元 ❷

小组计划

目标社交思维概念

小组计划

定义

当每个人都在想和做同一件事时，这就叫作小组计划。这与按照个人计划行事形成对比。

我们为什么教授这个概念

我们讨论小组计划就是想帮助孩子去理解，当他们是小组中的一员时，别人希望他们怎么想和怎么做。当每个人都在遵循小组计划时，我们就会想到彼此。这样也会使大家都感到平静和舒服。这和按照个人计划行事形成了对比。当人们按照个人计划行事时，其他人会有不舒服的想法和感受。

需要注意的是，本单元的重点是让学生意识到他们是小组的一员，并且小组有一个小组计划。作为老师，你的角色是标记和识别小组计划，并将其与个人计划进行对比。在这一点上，我们不期望让孩子们"阅读"小组计划。要读懂一个计划，孩子们必须从他们所看到的、听到的、了解的情况和参与的人

那里获得线索，从而理解他们周围发生了什么。许多学生还没有准备好进入这个阶段。

事实上，我们称这个概念为"聪明地猜测"，当孩子们对基本的概念有了更坚实的基础后，我们就会在后面的课程中引入这个概念。

本单元教学总览

- 通读单元计划和与之相关的教学时刻活动。
- 通读故事书，注意不同地方需要"停下来，做一做""停下来，注意"和（或）"停下来，讨论"。
- 通读单元内要完成的不同结构化活动。
- 准备材料：为不同的活动制作道具、收集玩具、图像等。
- 熟悉本单元教学中使用的歌曲的歌词。
- 回顾本单元"要点"部分的核心概念和准则。
- 回顾关于这个概念的目标的建议。（请在附录D中找到目标）

单元计划 ②

　　我们建立了一个单元流程,在每个单元中重复使用,以帮助学生们做好学习准备,在教学过程中参与进来,并意识到教学何时结束。这有助于学生保持内在的条理性,也可以帮助老师在教学时更有组织性。单元流程如下:

- 单元计划。(详见第43页)
- 阅读故事书,使用其中的教学时刻建议。
- 做一些结构化活动。
- 在戏剧化游戏中强化概念和词汇。
- 结束环节。(详见第48页)
- 寄送《告家长书》(附录C)。

开场活动: 阅读故事书

《小组计划》

故事摘要

　　埃文、埃莉、杰西和莫莉去农场看望爷爷奶奶,他们准备做苹果派和冰激凌。他们需要了解个人计划和小组计划的区别。当他们一起工作并遵循小组计划时,每个人都觉得很好,最后他们还可以分享美味的食物。

准备故事中的教学材料

　　附录A包括故事书中所需的"教学时刻"图标。虽然使用这些可视的工具不是必要的,但如果你想在故事的适当时候展示一些东西,可以先打印图标,然后剪下来过塑或是将它们打印在硬卡片纸上,都是有帮助的。

介绍故事中的概念

　　介绍故事背景以及其中一些新的词汇概念。"埃文、埃莉、杰西和莫莉将去农场探险,他们将学习如何在一起成为一个小组,并制订一个小组计划。"小组计划是指每个人都在想和做同样的事情。当每个人都按照小组计划行动时,我们都在为彼此着想。这让每个人都会感到平静和舒服。

阅读故事

开始阅读故事,在下面描述的"教学时刻"暂停,这将帮助你扩展学习。

教学时刻

阅读这个故事之前,回顾前面单元所介绍的与想法和感受相关的概念。

- 给想法泡泡贴上标签(很多时候孩子们认为它是一朵云)。
- 提醒小组成员,想是大脑的"工作"。
- 提醒学生关于故事 1 中与感受相关的概念。我们讨论了哪些情绪(快乐、难过、生气、害怕)?我们如何判断别人何时有情绪以及这种情绪是什么?(我们从他们的面部表情和肢体动作寻找线索)。让学生们看看这个故事的最初插图,让孩子们说一说他们观察到这个人物的面部表情是如何的。例如,"看看埃莉的脸。她的感受如何?你是如何判断的?"

引导孩子们对人物下一步的行动做出"聪明地猜测"。提出引导性问题,并指出插图中与这个故事内容有关的细节(如谷仓和农场动物)。

- 你看到了什么?
- 孩子们在想什么?
- 孩子们要去哪里?

介绍故事里新的词汇概念:"今天我们会读到埃文、埃莉、杰西和莫莉在农场的故事。我们会学习一些新内容——'小组计划'。"

第 12 页

指着说话泡泡,向孩子们解释在插图中奶奶在说话。我们从她嘴边的说话泡泡可以看出,这与想法泡泡非常不同,想法泡泡展现了我们脑海中的文字。当我们看到说话泡泡时,这意味着故事中的人物在说话。

第 14 页

看看插图中发生了什么。没有埃文的帮助,他们就不能摘到苹果。杰西不能独自扶起沉重的梯子,埃莉也够不到树上的苹果,而莫莉唯一能找到的苹果里面却有一条毛毛虫。

第15页

注意所有孩子的面部表情。我们如何判断孩子们是快乐的呢？我们从他们面部表情和肢体动作找到了什么线索？

第18页

问学生："谁没有遵循这个计划？""埃文为什么会感到不高兴？"提示学生看插图，然后让他们说一说他们观察到的人物面部表情是如何的。注意杰西和莫莉可以一起拎桶，但埃文感到很不开心，因为它太重了，他一个人拎不了。当小组有成员遵循个人计划时，这可能会让其他人觉得不开心。

第19页

问学生："埃莉做了什么让埃文感到开心？"提示学生看插图，然后让他们说一说他们观察到的人物面部表情是如何的。"你们看，每个人都很开心，因为他们在互相帮助。当埃莉遵循小组计划时，埃文就变得开心了"。

第22页

提示学生看插图，然后让他们说一说他们观察到的人物面部表情是如何的。例如，"看看埃莉的脸。她的感受如何？你是如何判断的？"

第23页

问学生当杰西改变了他的计划，小组变得有什么不同？"现在小组里每个人觉得怎么样？你是如何判断的呢？"

第26页

莫莉在碗里加了不能放入馅饼的配料！提示他们看插图，问学生，让他们猜一猜故事里人物的想法和感受。"你觉得埃文、埃莉和杰西会怎么想莫莉呢？""孩子们的感受如何？""你觉得他们喜欢这混合物的味道吗？""我们是如何得知的？我们找到了什么线索？"

第27页

提示学生："每个人都在遵循小组计划！每个人觉得如何？"

单元2 结构化活动

完成故事和相应的"教学时刻"后,可使用以下活动来强化社交思维概念。请记住,你的目的是在教学时刻示范如何使用这些词汇。

注意学生在什么时候遵循小组计划。当学生对上面的社交思维词汇已经掌握时,再使用词汇是很重要的,这样才能将注意力集中在他被期望所做的事情上。如果这些词汇只是用来告诉学生们什么是不能做的("看,查理斯没有遵守小组计划"),那么学生们就会将这些词汇和不良行为相联系,而不能帮助他们学习积极行为。

使用书中的插图为每个活动提供情境。例如,在介绍苹果争夺游戏时,展示相应的插图,并提醒学生,故事中的孩子是如何按照小组计划将苹果收集在一起的。

活动 1 苹果争夺游戏

开始之前:准备材料

- 收集大约10个"苹果"。
- 你可以用美术纸和附录A中的模板制作苹果,也可以收集各种颜色、形状和大小的球来假装苹果。你也可以使用玩具食物作为更逼真的道具。
- 找一个足够大的桶或篮子来装下所有的苹果。

活动1介绍

在这个故事中,孩子们按照小组计划收集苹果做馅饼。现在你的学生将按照小组计划收集所有散落的"苹果",并把它们放回一个桶里。

1. 老师将"苹果"(大小不同的球或剪纸苹果)放入桶中。
2. 老师把桶翻过来,把球倒出来,或者把纸苹果撒在教室的各个角落。
3. 孩子们按照小组计划把苹果收集起来,放回桶里。

在苹果争夺游戏中使用的语句:
- "我们的小组计划是把所有的苹果都放进桶里。"
- "卡尔文正在考虑这个小组计划,他正在执行这个小组计划。"
- "卡特在玩积木。哦,他没有在考虑小组计划。他在按自己的计划行事。这让其他人感到不开心。"
- "哇,卡特改变计划了!一开始他在搭建积木,但他发现小组成员并没有这么做。现在他正在收集苹果。他在为别人着想,并遵守小组计划。大家都很快乐,因为卡特在帮忙!卡特也觉得很好!"

牛奶桶障碍赛

开始之前：准备材料

- 收集2个桶。
- 在这简单的过程中设置3个障碍。孩子们将以2人一组或3人一组的形式一起完成障碍。设置你自己的障碍"菜单"（可以参考下面列表清单）来开展这个活动——但记住，选择适合你们小组孩子能力水平的活动，以及选择你手头现有的材料。想法如下：
  - 在桶里装满"牛奶"（棉球、皱巴巴的纸、乒乓球）。
  - 走过枕头、豆袋椅或软垫。
  - 在地板上摆放农场主题的毛绒玩具，穿过这些障碍物。
  - 在呼啦圈里进进出出。
  - 穿过"花园"，不能踩到"蔬菜"，或者做一个假猪圈，小心不要碰到猪！

活动2介绍

在这个故事中，孩子们按照小组计划，一起把沉重的牛奶桶搬回去给奶奶。现在学生们将一起扛着他们的桶穿过障碍赛。

1. 为这个障碍赛准备材料。指定开始和停止点。
2. 把学生分成2人或3人一组。
3. 孩子们一起把他们的桶装满"牛奶"（纸球、棉球、乒乓球等）。
4. 孩子们按照小组计划，带着他们的桶穿过障碍赛。

在牛奶桶障碍赛中使用的语句：

- "我们的小组计划是一起提着桶。"
- "瑞雷和布莱克正在遵守小组计划。他们一起提着桶。"
- "艾拉独自提着桶。哦，她没有为别人着想。她在按照自己的计划行事。"
- "现在艾拉和思彤一起提着桶！她正在想小组计划。"

活动 3　鸡蛋传递赛

开始之前：准备材料

- 准备音乐专辑，播放曲目 3：《计划》。
- 收集一个空的鸡蛋盒，把鸡蛋（塑料食品、混匀器或玩具食品）来填满盒子（篮子）。

活动 3 介绍

现在让我们回顾一下故事，想想接下来将发生什么，孩子们需要一起从鸡笼里捡鸡蛋。现在轮到我们分享小组计划了。我们要一起把这个盒子（篮子）装满鸡蛋。我们的小组计划是把盒子（篮子）里装满鸡蛋。

1. 向学生解释："我们的小组计划是传递鸡蛋，然后装满盒子（篮子）。当音乐响起时，把鸡蛋递给坐在你旁边的人。我们要一直传递，直到音乐停止，我们才停下来。当音乐停止时，拿着鸡蛋的人要把它放进盒子里。每个人都有机会把鸡蛋放进盒子里！"

2. 老师打开音乐，从盒子里挑出一个鸡蛋开始传递。

3. 学生们传递鸡蛋，直到音乐停止，然后学生拿着鸡蛋，把它放在盒子里。不断重复，直到每个孩子都有机会。

4. 提供按照个人计划行事的例子，这样学生可以看到对比。例如，在音乐响起的时候，把一个鸡蛋放在你的头上（而不是按照小组计划传递鸡蛋）。

5. 当把盒子（篮子）装满时，可以跟学生这样强调这个概念："我们按照小组计划一起装满了一盒子（篮子）鸡蛋！"

6. 当你们一起努力填满蛋盒时，强化这样一种概念：当每个人为小组工作时，我们都觉得很好。告诉学生："当我看到大家一起按照小组计划工作时，我感到很快乐。"让你学生轮流讨论当他们遵循计划并看到其他人也一起工作时的感受。

在鸡蛋传递赛中使用的语句：

- "苏菲在纸箱里放了一个鸡蛋，她是按照小组计划做的。"
- "米格尔正在传递一个鸡蛋，他在遵循小组计划。"
- "当音乐响起时，我们正在传递鸡蛋。每个人都在遵循小组计划。"
- "萨米——音乐正在播放，但你却抓着蛋不放！小组计划是传递鸡蛋。"
- "当我们在团队中工作时，我们会想到彼此和小组计划。我们一起把盒子装满了鸡蛋！"

活动 4 搅拌食物游戏

开始之前：准备材料

- 找一个大空碗和一把勺子。
- 在开始前，考虑准备一些食物或食物的图片，以防你的小组需要更多的支持。

活动4介绍

在这个故事中，小组计划是去找糖来做苹果派。莫莉按照她自己的计划，往碗里加了很多不同的配料：橄榄、沙拉酱和胡椒，最后很难吃。现在，轮到我们做饭了！

让我们看看我们小组会做成什么样*——是好吃的还是难吃的？我们的小组计划是一起做饭。

1. 拿出一个空碗和一把勺子。
2. 向学生解释："我们的小组计划是一起做饭。每个人都可以往碗里加点东西。然后我们把它们混在一起尝一尝味道。"
3. 老师假装把一种食材放进碗里。
4. 然后，每个学生轮流向碗中加入自己的食材。
5. 当每个人都放完后，这时可以把原料搅拌在一起了。告诉学生："好了，我们的小组计划是一起搅拌。大家都拿好勺子。"老师抓着这个勺子。当每个人的手都放在勺子上时，我们一起动手假装搅拌。
6. 老师解释："现在，小组计划是品尝我们的食物。把你的勺子拿出来，尝一口。"
7. 现在假装吃这些食物。老师咬了第一口，用夸张的表情向全班同学展示他是否喜欢。鼓励学生也这样做，观察别人的脸，以确定别人是否喜欢这个食物。这是解读别人的非语言表情和猜测他们在想什么的最佳练习时刻。
8. 现在把碗"倒空"，试着做一些新的食物！

* 如果你的小组需要更多的结构化教学，或者学生在模拟游戏中有困难，可以考虑使用食物的图片、玩具食物，甚至让他们做一个特定的东西。

在搅拌食物游戏中使用的语句：
- "凯莎往碗里加入了蓝莓，她遵循了小组计划。"
- "伊桑在搅拌，他正在遵循小组计划。"
- "我们一起搅拌，每个人都在遵循小组计划。"
- "珍妮，现在，我们的小组计划是搅拌它们。我们晚点再尝味道。"

戏剧化游戏：强化概念和词汇

开始之前：准备材料

- 收集与农场相关的图片，供孩子们交谈、头脑风暴和做计划时使用。
- 复制模板2，第2单元（附录A），包含在农场里发现的东西的单个图像：拖拉机、鸡、鸡蛋、牛、猪和玉米秆。剪下/放大图片，把它们贴在你的想法泡泡道具上。
- 用道具来重构你或孩子们产生的任何关于农场旅行的想法。

  有些道具可能与以往活动中的道具重叠。以下是一些建议：
  - 农场动物标本。
  - 橡皮泥、馅饼盘、玩具苹果派。
  - 玩具苹果（可在结构化活动中重复使用）。
  - 仓库用的纸箱、红色颜料。
  - 饲料袋。
  - 种植物需要的花园工具（玩具耙、铲子、喷壶）。
  - 玩具拖拉机及卡车。
  - 修理拖拉机和卡车的工具。
  - 与农场有关的其他东西。

去农场

在结构性较弱的游戏时间，使用社交思维概念和词汇，是帮助孩子们学习与同伴一起使用这些词语的绝佳机会，这将使他们体会到遵循小组计划的不同方面。

设置

"在我们的课上，我们读了一个关于孩子们去农场的故事。今天我们也要假装去农场。让我们想象一个农场。我们都知道些什么？"[你可以用故事来帮助提供情境和（或）从附录A、单元2、模板2中找到的故事需要的东西。]

- 谁住在农场？
- 哪些动物生活在农场？
- 农场里有什么样的建筑？
- 农民们在农场里做什么？
- 农场里种了什么东西？
- 农民们骑什么？

当孩子们进行头脑风暴时，把他们说的物品图片放在你画的想法泡泡里。例如，如果爱德华说农场里有鸡，在想法泡泡里放一张鸡的图片。

如果模板中没有一个孩子想分享的想法，你可以快速地画个草图代表这个东西，然后把它贴到想法泡泡里。

"让我们一起思考农场，以及我们可以在农场里看到和做的不同事情。现在让我们制订一个小组计划。在农场里，我们可以一起做什么？"

倾听学生们关于游戏头脑风暴的想法。这些可能包括：
- 做苹果派（使用厨房用具和橡皮泥）。
- 修理坏了的拖拉机（玩具工具和车辆）。
- 从树上摘苹果。
- 假装种植蔬菜（使用耙子、洒水壶、玩具种子）。
- 角色扮演动物——假装扮演牛、鸡、马。

一旦小组成员们有了头脑风暴产生的想法，就该制订小组游戏计划了。你和学生将会按照下列的某一个方向进行游戏：
- 老师做出决定后每个人都按照这个计划执行。
- 依次按照每个孩子的计划进行游戏。
- 学生们把他们的想法一起讲出来，然后制订小组计划。*

* 请记住，有些小组不能合作性玩耍很长时间！

戏剧化游戏的目标是在活动中解释词汇。在与农场相关的活动情境中模拟运用小组计划。使用下面的例子作为指引，以促进游戏。

当你使用词汇的时候，可以结合想法泡泡道具。当你把一幅苹果的图片放在想法泡泡道具中时，告诉你的学生："我们的小组计划是摘苹果。我们在想着苹果。"

随着游戏的进行，把想法泡泡道具放在身边。例如，如果小组计划从摘苹果变成做派，那么就把想法泡泡中的图片由苹果换成派。

"朱迪的计划是推推车，南希的计划是捡苹果。让我们制订一个小组计划，把苹果放到手推车里，一起推。"

"你看到迈尔和罗布现在在做什么了吗？你认为他们的计划是什么？"

"斯科特在切苹果，梅根在擀面。他们的计划是做一个苹果派。"

"小组计划是摘苹果，但我们快完成了。德鲁和小丽在猪圈附近。让我们改变计划，把苹果喂猪吧。"

游戏的最后部分永远是收拾整理！在这段时间，继续使用学到的词汇。例如：

- "我们的小组计划是打扫干净！"
- "我在想把苹果收起来。"
- "道格正在想清理动物。"
- "我们都在想一起打扫卫生。"

课后教学

本单元课程结束并不意味着学习就此停止！在后面的单元里以及与学生共处的时间里，继续使用和强化这些词汇。以下是一些建议。

准备小组活动前：
- "现在是圆圈教学时间。我们的计划是让你全身心融入小组。"
- "劳拉正遵循计划坐在圈子里。"
- "我们的计划是向小组里的每个人打招呼。"

课间时间：
- "圆圈教学时间结束了。我们的计划是去桌上画画。让我们一起想想小组计划。"
- "我们吃完了零食。现在的计划是搭积木。"
- "现在的计划是清理玩具。"

小组活动结束后：
- "今天小组的计划是玩农场。"
- "现在我们的小组解散了。我们的计划是回家。"
- "我们的小组计划是拿上你的背包，在门口等着。"

小结：评价学生在本单元的学习情况

下面的表格是我们希望学生们从本单元学到的关键概念的计分表。回顾这张表，并根据下面的评分标准评估学生的知识水平。

1=	没有理解概念。他们没有使用词汇或表现出任何要求的行为。
2=	逐渐意识到概念。也许可以指出或举例说明概念在别人身上的使用或误用，但即使得到最大限度的支持和提示，也无法展示如何使用。
3=	逐渐意识到概念。也许可以指出或举例说明概念在他人身上的使用或误用，并在最大限度的支持和提示下能够展示如何使用。
4=	对概念有深刻的理解，并能在适当的提示下展示如何使用。
5=	对概念有深刻的理解，并能在少量的提示下展示如何使用。

如果你给一个学生的大部分要点打分为1分，需要考虑：
课程设置是否适合该学生？（见第36页教程概况）

如果你给一个学生的大部分要点打分是2或3分，需要考虑：
在进入下一单元之前花更多的时间教授此概念。用不同的方式和在不同的环境中探讨此概念。

如果你给一个学生的大部分要点打分为4分或以上，需要考虑：
当你在进行下一单元教学或深化本单元的知识时，继续在情境中和教授时刻使用此概念。

单元 **2** 重点

《小组计划》

我们期望孩子们接触（而不是掌握）以下概念：

- 开始理解他们是小组一员。当老师或家长使用诸如"每个人、班级、朋友、所有的、我们、我们的、在一起"这样的词汇时，他们指的是一个群体，其中包括每个孩子。
- 开始理解一个小组有一个小组计划。
- 基于第一单元的信息（每个人都有自己的想法）。本单元介绍了此概念，即我们可以一起想。
- 我们把大家一起看的书、玩的游戏和活动称为"小组计划"。
- 对比小组计划和个人计划。
- 我们并不期望孩子们读懂小组计划（即，环顾四周，弄清楚发生了什么）或必须遵循小组计划。这个课我们会稍后再讲。本单元的目的是提高他们有一个全面计划的意识。

《告家长书》：将学习延伸到课堂之外

当孩子学习新的社交思维词汇时，请求父母和家人的帮助，让他们在家里使用相同的词汇，这对孩子是很有帮助的。

在本书后面的附录 C 中可找到《告家长书》。

社交探索教程

单元 2

小组计划

《告家长书》和家庭活动

在我们今天的社交思维小组里，我们学习了"小组计划"。在这个故事里，埃文、埃丽、杰西和莫莉去农场玩，他们准备做苹果派和冰激凌。他们需要了解遵循个人计划和遵循小组计划的区别。当一个人遵循个人计划时，这个团队就无法完成他们的小组目标。当他们一起工作并遵循小组计划时，每个人都觉得很好，最后他们还可以分享美味的食物。

在我们的小组中，我们通过插图把大家一起思考小组计划和一个人思考个人计划来做对比（见下图）。我们通过"计划"来帮助孩子理解，当他们在小组里工作时，他们应该想什么和做什么。当每个人都在遵循这个计划时，我们就想到彼此。当我们在想彼此时，每个人都觉得很好。

对扩展在家学习小组计划的建议：

- 讨论"计划"以及你在想什么。例如，"我的计划是制作一种小吃。""这个计划是去商店。""这个计划是准备睡觉！到刷牙时间了；按照计划去做吧。"
- 讨论每个人会说和做什么，以确保所有的人都有相同的想法（计划）。参考下面的例子："我正在考虑去商店的计划。我准备拿外套了。""赛依达正在考虑这个小组计划。她正帮忙摆放餐桌，准备晚餐。"
- 当你们共同分享一个计划时，可以告诉孩子你的感受。例如，"当我们共同遵循一个计划——准备去学校时，我穿上了我的鞋，你也穿上了你的鞋，这让我觉得很开心，现在我们一起走吧。"或者还可以使用图片或句子告诉孩子。

活动 1

家庭活动：遵循这个计划！
每当我们一起做事情时，我们都在遵循同一个小组计划。强化孩子不仅在学校要遵循计划，在家里也要有遵循计划的想法。在家里，小组计划可能包括做饭、吃饭、叠衣服、扫院子里的落叶、骑自行车，或者去商店。我们的行为和他人的感受之间有一种联系。当我们遵循小组计划时，这会让其他人感到快乐，让我们也觉得很好！

182

单元 ③

用眼睛思考

目标社交思维概念

用眼睛思考

定义

我们乐于接受用眼睛收集的信息，并了解别人在想什么，感受是什么，我们周围发生了什么，以及别人可能的计划是什么。

我们用眼睛来表达我们的注意力，这反过来又提示别人我们在想什么。这些事物可以是一个物体、一个事件或是我们身边的人。我们也用自己的眼睛来表达我们对他人的想法。

我们为什么教授这个概念

我们尝试教给幼儿的常用社交技能之一就是用他们的眼睛来进行社会性参照。类似于"看着我"这样的行为指示常常被用于鼓励孩子们进行眼神接触。随着社交思维概念的引入，我们的目标是教孩子理解行为背后的想法。因此，使用"用眼睛思考"这样一个概念。

当孩子们学着用眼睛思考，他们会逐渐理解，并观察其他人以及周围环境的意义。因为当用眼睛思考的时候，就是正在融入的一个过程。这个过程可以帮助我们感知到周围正在发生的事情，观察其他人此刻的想法和感受，并推测如何做出反应。所以不是简单的"看着"，而是进一步"带入思考"。

我们可以通过观察其他人看的东西，从而猜测他们正想着的人或事。

本单元教学总览

- 通读单元计划和与之相关的教学时刻活动。
- 通读故事书，注意不同地方需要"停下来，做一做""停下来，注意"和（或）"停下来，讨论"。
- 通读单元内要完成的不同结构化活动。
- 准备材料：为不同的活动制作道具、收集玩具、图像等。
- 熟悉本单元教学中使用的歌曲的歌词。
- 回顾本单元"要点"部分的核心概念和准则。
- 回顾关于这个概念的目标的建议。（请在附录D中找到目标）

例如，当有人和你交谈时，他看着你，这表示他在想着你和你所说的话；而当有人和你说话时，你看着其他东西，比如墙上的一幅画，这也在传递一个信息：我们所想的是这幅画而不是和你说话的这个人，因为看和想是同步的。

"用眼睛思考"这个概念比它本身听起来更加复杂，教授需要一系列连续的步骤，这些步骤被整合到故事中，概述如下。因此，遵循本单元建议的活动顺序是很重要的。

眼睛就好像是箭头，它们指向我们所看的内容。

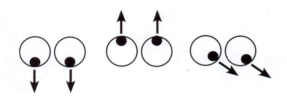

在这个故事里，我们看到外星人的眼睛正看着彩虹背包。

我们所看的正是我们所想的。比如说，在这个故事里，外星人正看着彩虹背包，他就正想着彩虹背包。我们通过使用箭头帮助学生理解这个概念，你也可以在任何时候画一些东西来帮助你的学生理解这个概念。

当"看"和"想"被联系起来，就可以加上进一步的说明。现在你可以提供更多的信息，告诉学生如何推断其他人的想法甚至下一步做法。例如，当这个外星人正看着并想着背包时，很可能他会想要拿起背包并且看看里面有什么。

单元计划 ③

　　我们建立了一个单元流程,在每个单元中重复使用,以帮助学生们做好学习准备,在教学过程中参与进来,并意识到教学何时结束。这有助于学生保持内在的条理性,也可以帮助老师在教学时更有组织性。单元流程如下:

- 单元计划。(详见第43页)
- 阅读故事书,使用其中的教学时刻建议。
- 做一些结构化活动。
- 在戏剧化游戏中强化概念和词汇。
- 结束环节。(详见第48页)
- 寄送《告家长书》(附录C)。

开场活动: 阅读故事书

《用眼睛思考》

故事摘要

　　埃文、埃莉、杰西和莫莉乘坐火箭开启一次外太空旅行,他们遇到了好奇的外星人。他们和外星人希望互相交流,但却不会说彼此的语言。于是,他们学会了"用眼睛思考",从而明白了外星人在看什么,如何将他们所看的与所想的联系起来,以及下一步将计划做什么。

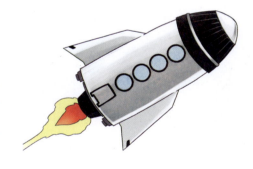

准备故事中的教学材料

　　附录A包括故事书中所需的"教学时刻"图标。虽然使用这些可视的工具不是必要的,但如果你想在故事的适当时候展示一些东西,可以先打印图标,然后剪下来过塑或是将它们打印在硬卡片纸上,都是有帮助的。

介绍故事书中的概念

　　介绍故事背景及里面的新词汇。"今天我们将要读到的是有关于埃文、埃莉、杰西和莫莉出发到外太空并降落到外星球的故事! 天啊,他们不会说外星人的语言,那他们要如何与外星人对话呢? 让我们一起来学习'用眼睛思考'的那些事吧"。

我们的眼睛就像箭头，它们指向我们所注视的东西。这是了解我们或他人"想什么"的直接线索。这能够帮助孩子们找到如何与那些外星人进行互动并找到乐趣的方法。用眼睛思考帮助你学会解决如何与周围人交往的问题，以及了解他们的想法和感受是什么。

阅读故事

开始阅读故事，在下面描述的"教学时刻"暂停，这将帮助你扩展学习。

教学时刻

在阅读这个故事之前，回顾前面单元所介绍的相关的概念。

引导孩子们对人物下一步的行动做出"聪明地猜测"，提出引导性问题，并指出插图中与故事内容有关的细节（如火箭和星球）。

- 你看到了什么？
- 孩子们在想什么？
- 孩子们要去哪里？

介绍故事里新的词汇概念："今天我们会读到埃文、埃莉、杰西和莫莉出发去外太空的故事，我们会学习一些新内容——'用眼睛思考'。"

第12页

孩子们跳下火箭，看着这颗外星球。孩子们没有看到外星人，但外星人看到了他们。
注意：如果一些学生不熟悉"外星人"这个词，则需要另外花时间来学习这个词汇。你要给他们看故事里的插图，并告诉他们：外星人就是住在宇宙中的生物。

第14页

注意插图上连接孩子的眼睛和太空岩石的虚线箭头，用你的手指勾画这些线条，这样学生就能很清楚地看到眼睛注视的方向和物体之间的关系。

第15页

勾画孩子们的眼睛和太空岩石之间的线条,包含有太空岩石的想法泡泡,帮助强调他们正在看着和想着那些石头。

第17页

尽管插图里没有箭头,也可以勾画外星人的眼睛和背包之间的线条。此外,含有背包的想法泡泡能帮助强调外星人正在看着和想着背包。

第25页

在你翻到这页以前,让学生猜测外星人正在看着和想着什么。

第28页

问学生:"你们认为外星人想用这些靴子做什么? 他的计划是什么?"

第31页

找机会观察每一个外星人,让学生猜测每个外星人各自看着和想着的对象。

第34页

问学生:"你是怎么知道孩子们正在想着彼此? 他们正在看着彼此。"

单元3 结构化活动

完成故事和相应的"教学时刻"后,可使用以下活动来强化社交思维词汇。请记住,你的目的是在教学时刻示范如何使用这些词汇。

注意学生用眼睛思考的时刻。当学生对上面的社交思维词汇已经掌握时,再使用词汇是很重要的,这样才能将注意力集中在他被期望所做的事情上。如果这些词汇只是用来告诉学生们什么是不能做的("看布莱德,他没有用眼睛思考。"),那么学生们就会将这些词汇和不良行为相联系,而不能帮助他们学习积极行为。

活动 我正在看什么?

开始之前:准备材料

- 将6~8个物品装入背包。故事里的建议包括:地图、铅笔、杯子、衬衫或者鞋子(靴子)。然而,你可以使用任何常用物品和已学故事里的道具,如积木、毛绒玩具、小汽车等,重点是每一样物品都要有清楚的、容易辨认的功能。

活动1介绍

在这个故事里,孩子们需要通过用他们的眼睛思考理解外星人想要什么。现在,学生将有机会把这一学习投入实践。

这个活动的目的是评价学生能够在多大程度上追踪你的视线和确定你正看的东西。孩子们在做这件事上的能力各不相同。一些孩子能够较为轻松地理解其中的关联,而另一些孩子则需要花较多的时间。基于学生的能力,你的指导需要维持在一定水平,直到他们确实能够确定你正在看的东西。

- 拿出背包并取走3样东西。
- 在你面前将物品排成一排,物品间隔6厘米。这是为了从视觉上清晰地辨别不同的物品提供足够的空间。
- 告诉学生,"眼睛就像箭头,他们指向某人正在看的物品"。
- 注视每个单独的物品并且说,"我正在看……"为了使这种联系变得更加明显,使用硬卡纸做成箭头并将其粘在小棒的末端,把它放在接近你眼睛的位置,指向你所看着的物体的方向,这使得你的目光容易被追踪。

- 改变物品并且从背包里拿出一些新的东西。现在是时候来测试学生将眼睛注视和物体之间联系起来的能力。在没有箭头作为视线的情况下,看着某样物品并问你的学生,"我在看着什么?"
- 让每个学生都有机会轮流回答问题,这样的话健谈的孩子不会说出所有问题的答案。将你的想法泡泡放在手边。当他们做出准确的猜测时,拿起这个物品,将它举到你的想法泡泡中并说,"对,我在看着……,我在想着……"
- 打乱物品的顺序,这样学生就不只是去猜测排在下一个的物品。
- 当你完成一轮以后,接下来你将要开始建立起三者的联系:看、想和计划。例如,"我正看着并且想着那个杯子。我在计划什么?我会用它干什么?"(喝水)。
- 使用剩余的物品重复上面的步骤。

为"用眼睛思考"而击掌

活动2介绍

这是一个快速的游戏,目的是教授一个概念:当我们正看着某人时,也代表我们正想着他。

- 看着一个学生并且给出线索,"当我看着你时,这代表我正想着你",然后彼此击掌。
- 将你的手伸展到击掌的位置,将目光转移到你选的另一个学生身上。必要时给出提示,"当我正看着你时,这表示我正想着你并且我做好了击掌的准备。"
- 重复上述步骤使每一个组员都能有机会轮到。为了使活动出乎意料,不要按照特定的顺序,并且可以给一些学生多次机会。
- 如果有的学生没有看你,可以通过给口头提示的方式说明你正在看他,"噢,我正看着卡蒂并且正想着她,我现在想和卡蒂击掌。"在你给出这个提示的时候,将你的目光牢牢地盯在你正想着的卡蒂身上,与此同时,还可以用你的手指在空气里比划出你的目光和他之间的一条线。
- 让学生们轮流当老师。这是一个很棒的活动,能够向我们的小学习者们展示目光的力量。

《用你的眼睛思考》音乐活动

开始之前:准备材料

- 准备音乐专辑,播放曲目4:《用你的眼睛思考》。

活动3介绍

这个音乐活动教会学生：我们的眼睛可以传递重要的信息，这些信息帮助我们知道该做什么。

* 让所有的孩子坐成一圈。
* 告诉学生，你们会一起玩一个叫作"跟着领队"的游戏。"当我正看着你，我就是想着你，轮到你做领队了。其他所有人都需要跟着领队的计划并且用他们的手做出和领队同样的动作。"
* 接下来，给出建议并且做动作示范。每个人都要实践（如你可以敲击地板，轻扣你的膝盖，拍手掌或者敲一敲脑袋）。
* 在游戏过程中，你可以停下来并且暂停音乐。你可以有机会看向另一个人并且换一个领队。
* 调整到音乐曲目4，《用你的眼睛思考》（歌词参照附录B）。

我正在想什么？扮演宇航员游戏

开始之前：准备材料

* 收集供应的演出服：每个孩子一套。
* 想法包括：
  * 头盔：碗或者滤锅。
  * 月球靴：用橡皮筋把清洁海绵系到鞋上。
  * 喷气发动机组件：将两个2 000毫升的瓶子粘在一起，包上锡箔并用电工胶带绑起来，在电工胶带外再包上打包带。

活动4介绍

扮演宇航员游戏会进一步强调"所看即所想"的观点。

告诉学生："我们会假扮成宇航员，穿戴好后进入外太空。每个人轮流选择自己想穿的。但你不能用语言告诉我或者用手指给我。就好像书里的外星人那样，我们'用眼睛思考'的方式告诉别人我们需要什么！"

第一轮，教师做示范。
* 确定你的想法泡泡在你手边。
* 正如之前的活动那样，在你面前将一部分物品排成一排（头盔、太空靴、空气发动机组件等），确保物品之间有足够的距离（大概15厘米）。
* 下一步，"关上"你的声音。你可以假装嘴唇拉上拉链。然后，把手放在你背后。之后，当轮到你的学生时，这会帮助他们抵抗使用手势、指向和拿起物品的冲动。

- 告诉学生，"你正在用眼睛思考，并且看着你想要穿上的第一件物品"。例如，"将你的眼睛直直地盯着太空头盔。"学生们开始猜测你在看什么。给学生提示，"用你的眼睛观察思考。我正在看着什么？我正在想着什么？我的计划是什么？"
- 一旦你的组员答对了，用极度夸张的方式表达你的反馈，如"你太对了！我就是在看着太空头盔，所以我正想着太空头盔，并且我的计划是把它戴在我头上！"
- 强调看与想之间的联系。拿起物品（头盔），清楚地放在你的视线上，然后放到想法泡泡中，接着放回你的视线上，然后再放到想法泡泡中。这会帮助学生更具体地理解概念。

做完示范以后，就轮到学生尝试了。与直接叫出学生的名字不同的是，你看着学生并且提示道："当我正看着你时，说明我正想着你。我会用我的眼睛告诉你这次轮到你了！"让每个学生都有机会轮到并穿上宇航员的装备。

我的计划是什么？太空漫步

开始之前：准备材料

- 收集座位（椅子、懒人沙发或方形地毯，每个孩子一个）。
- 准备想法泡泡道具。
- 为你的火箭飞船准备一个方向盘道具（任何圆形的物品都可以）。
- 按照外太空的主题装饰房间。
- 扩印外星人的插图（附录A）。每个孩子都要有一个外星人的图片，老师需要有每个外星人的图片。
- 扩印星球的插图（附录A）。每颗星球只需要一张图。
- 将外星人和星球图片粘贴到房间四周的墙面上。改变图片位置使它们之间有一定距离，图片之间距离不要太近。每个孩子各有一个外星人图片，将他们贴在星球的旁边。例如，有3个学生在你的组里，就将3个相同的外星人图片贴在星球旁边。

活动5介绍

太空漫步活动的目标是让学生"用眼睛思考"，去确定别人的计划。在开始之前，确定教室已被布置成了外太空的主题。

将座椅围成一圈，从而学生能够面对面。在活动中假装这就是火箭。告诉学生："现在我们的计划是做一个'太空漫步'的游戏。"

按照小组计划一起登上火箭飞船。每个学生找一个地方坐下。

提示学生："记住，当我们看着某人时，这代表我们正想着他们。现在让我知道你正想着我。如果你正想着我，我可以把你们的太空装备给你们。"当他们做的时候，说："尼基正看着我，他正想着我。"将太空装备（棕色的纸袋）给尼基，对其他的孩子也一样，目的是使所有的学生都知道他们可以通过展示他们正"用眼睛想着你"从而得到他们的太空装备。

一起想象，假装发射到太空。让学生放下他们的太空装备（为了减少干扰），系好安全带并做好出发的准备，让你的学生"倒计时"并且在飞向天空时摇晃座椅。

一旦进入外太空，提醒学生，你们会一起太空漫步，会拜访不同的星球并收集星球上所有的外星人。让学生们用眼睛思考（环视房间）并讨论他们看到了什么。你们也许会讨论展示在房间里的星球和外星人。

第一轮由教师对活动进行示范（将你的想法泡泡道具放在手边）。

- 利用方向盘道具表示你是火箭的飞行员，作为飞行员，你需要制订计划并且选择火箭将要飞向的地方。
- 环视房间并说，"我有一个计划，现在我需要表现出我正在考虑什么。"选择展示在墙上的一个外星人和星球并向它看去。
- 鼓励学生用眼睛思考以确定你正在看着和想着的星球。在你说话时，将你的目光停留在那个星球上。
- 一旦有学生回答正确，将你正在看着的外星人的图片复印件放进想法泡泡道具里，并口头提示，"对了！我正看着这个绿色的星球和外星人。我的计划是拿到那个绿色的外星人！"这里的关键点是要强调"看、想和计划"之间的联系（你试图做什么）。
- 假装让火箭飞到星球上，只有宇航员可以走出去收集所有的外星人。

一旦当你回到火箭，告诉你的组员："当你用眼睛想着我的时候，我会给你一个外星人。"当孩子们看着你的时候，相应分发外星人的图片，让孩子们把外星人放在他们的太空装备里，以减少干扰。

让每个学生轮流做火箭的宇航员，总是由宇航员的计划决定要拜访哪个星球，用他/她的眼睛去观察思考，这样其他人就能知道宇航员想去哪里，走出火箭，收集外星人，然后把它们拿进来。宇航员可以随后将外星人分发给他的同伴，但仅限于发给那些用眼睛思考宇航员的人。

当所有人都轮到了并且外星人已经全部收集齐了，游戏结束，回到地球并走出火箭。

戏剧化游戏：强化概念和词汇

开始之前：准备材料

- 收集与外太空旅行相关的图片,在你的学生交谈,进行头脑风暴,计划时使用。
- 复印模板1,第3单元(附录A)中包含的外太空发现的事物的单独图片:一颗流星、恒星、彗星和火箭飞船,将放大的图片裁剪下来放在你的手边和你的想法泡泡道具放在一起。
- 找到道具,用来重现你或孩子们对外太空之旅产生的任何想法。

  有些道具可能与以往活动中的道具重叠。以下是一些建议:
  - 闪光灯
  - 黑暗中恒星和行星发出的微光
  - 太空岩石(涂色的岩石)
  - 望远镜(卫生纸筒)
  - 地球仪
  - 火箭飞船的照片
  - 背包
  - 火箭飞船的控制面板(把圆形旋钮粘在木板上)

去外太空的旅行

在结构性较弱的游戏时间,使用社交思维的概念和词汇,是帮助孩子们学习与同伴一起学习使用这些词汇的绝佳机会,这将使他们体会到"用眼睛思考"是与他人相处的重要组成部分。

设置

开始时告诉学生:"在我们组里,我们读了一个去外太空的故事。今天,我们会假装我们自己去旅行。让我们想想太空,我们对它了解多少?"

你可以使用故事书来帮助提供相关背景和那些你已经从以往的活动中复印和剪切下来的来自太空的物品(使用附录A里的模板)。以下是帮助你的小组想象外太空需要考虑的问题:

- 谁去外太空?
- 我们怎样去到外太空?
- 我们在外太空会找到什么?
- 谁住在外太空?
- 在外太空,我们可以去哪里?
- 在外太空,我们可以做什么?

当孩子们头脑风暴的时候,把物品的图片放到你的想法泡泡里。例如,当艾希莉说到我们坐火箭去外太空时,将火箭的图片放到想法泡泡里。但当孩子说出的想法与任何一个图片都不相符时,不要犹豫,迅速画出这个物品的手稿并将它放在想法泡泡里。

给学生口头提示:"我们一起来想象外太空和所有我们能够看和做的不同事物。现在,让我们来制订一个小组计划,我们应该一起在外太空做什么呢?"

倾听学生们关于游戏头脑风暴的想法。这些可能包括:
- 将故事表演出来。
- 做一个火箭并且发射出去。
- 降落在不同的星球去探索。
- 角色扮演——假扮成宇航员或者外星人,穿上以往化妆游戏的服装。
- 驾驶火箭穿越宇宙,避免障碍物(如流星雨)。
- 在零件掉落或发生故障的时候,修理火箭。
- 更加随意地玩之前"太空漫步"的游戏。

一旦小组成员们有了头脑风暴产生的想法,就该制订小组游戏计划了。你和学生将会按照下列的某一个方向进行游戏:
- 老师做出决定后每个人都按照这个计划执行。
- 依次按照每个孩子的计划进行游戏。
- 学生们把他们的想法一起讲出来,然后制订小组计划。*

* 请记住,**有些小组不能合作性玩耍很长时间!**

戏剧性游戏的目的是将词汇在行动中演示。在去外太空以及相关的活动场景下示范用眼睛思考。为便于游戏进行,使用以下的例子作为指南:
- 当你使用这些词汇交流时,运用想法泡泡道具并且关注你用眼睛思考的时刻。在游戏中取出材料,将它们放到眼前,然后放到想法泡泡里,然后再放到眼前,再放到想法泡泡里。
- 同样的,也指出孩子们正用眼睛思考的时候。
  - "凯西正用眼睛思考。她正看着方向盘并且想着成为这艘火箭的宇航员。"(将方向盘拿到她的视线上,接着拿到想法泡泡里,然后重复上述动作)

- ○ "马蒂正想着一个小组计划,她要去修理坏掉的火箭。他正环顾四周寻找工具,或许大家能用眼睛思考并且帮助他找到工具,然后一起修理火箭。"
  - ○ "用你的眼睛思考,我猜测凯特正假装修理火箭。"
- 帮助孩子用眼睛思考,从而确定某人下一步要做什么。
  - ○ "罗恩正用眼睛思考着锤子。他的计划是修理火箭上损坏的部分。"
  - ○ "谢丽尔正用眼睛思考着那个紫色的星球。她的计划是什么?"

游戏的最后部分永远是收拾整理!在这段时间,继续使用学到的词汇。例如:

- "用你的眼睛思考——我们该收拾什么?"
- "用你的眼睛思考——我们是不是把所有的玩具都收好了?"
- "我在想着一些需要被捡起来的东西!用眼睛思考它们是什么?"

课后教学

本单元课程结束并不意味着学习就此停止！在后面的单元里以及与学生共处的时间里，继续使用和强化这些词汇。以下是一些建议。

准备小组活动前：

- "用你的眼睛思考——孩子们正坐下来，是时候开始我们的小组活动了。"
- "用你的眼睛思考，然后告诉我你想坐在什么颜色的小块地毯上。"
- "当我正看着并想着你时，你应该知道轮到你了。"
- "我正看着并想着莉莉。这表示轮到莉莉去选一块地毯了。"

课间时间：

- "当我正看着并想着你时，轮到你排队去干活。"
- "我们正在做围成一圈的小组活动。谁是下一个？我正用眼睛思考。"
- "点心时间到了，今天阿里尔是我的助手，用你的眼睛想着她来表示你准备好了。"

小组活动结束后：

- "当我用眼睛思考着你时，你能站起来拿你的背包。"
- "当我用眼睛思考着你时，你在门口排成队。"
- "我现在正想着谁？对了，我正想着帕姆，轮到帕姆排队了。"
- "你是对我说再见，还是对地板说呢？你的眼睛正看着地板，向我展示你正想着我！现在，你的眼睛正看着我，你正想着我。再见！"

小结：评价学生在本单元的学习情况

　　下面的表格是我们希望学生们从本单元学到的关键概念的计分表。回顾这张表，并根据下面的评分标准评估学生的知识水平。

1=	没有理解概念。他们没有使用词汇或表现出任何要求的行为。
2=	逐渐意识到概念。也许可以指出或举例说明概念在别人身上的使用或误用，但即使得到最大限度的支持和提示，也无法展示如何使用。
3=	逐渐意识到概念。也许可以指出或举例说明概念在他人身上的使用或误用，并在最大限度的支持和提示下能够展示如何使用。
4=	对概念有深刻的理解，并能在适当的提示下展示如何使用。
5=	对概念有深刻的理解，并能在少量的提示下展示如何使用。

如果你给一个学生的大部分要点打分为1分，需要考虑：
课程设置是否适合该学生？（见第36页教程概况）

如果你给一个学生的大部分要点打分是2或3分，需要考虑：
在进入下一单元之前花更多的时间教授此概念。用不同的方式和在不同的环境中探讨此概念。

如果你给一个学生的大部分要点打分为4分或以上，需要考虑：
当你在进行下一单元教学或深化本单元的知识时，继续在情境中和教授时刻使用此概念。

单元 **3** 重点

《用眼睛思考》

我们期望孩子们接触（而不是掌握）以下概念：

- 开始理解观察其他人和周围的环境是有**目的**的。
- 我们用自己的眼睛去收集信息，如周围正在发生的事情、小组的计划及别人的想法和感受。
- 我们也用自己的眼睛去告诉他们，我们正想着他们。
- 眼睛就好像是箭头，它们指向某人所看着的东西。
- 开始理解看和想之间的联系。当人们正看着某人或某物时，他们正想着这个人或物，这能帮助我们理解他们的计划或他们接下来可能做什么。

《告家长书》：将学习延伸到课堂之外

当孩子学习新的社交思维词汇时，请求父母和家人的帮助，让他们在家里使用相同的词汇，这对孩子是很有帮助的。

在本书后面的附录C中可找到《告家长书》。

社交探索教程

单元 **3**

用眼睛思考

《告家长书》和家庭活动

在我们今天的社思维小组课里，我们学习了"用眼睛思考"。就表达上面言，我们用自己的眼睛向其他人展示我们正在想着的事情。我们看别人是为了让其他人知道我们正想着他们，倾听他们，和他们交流，或与他们分享我们的经历；就理解而言，为了能明白其他人正想着什么，周围正在发生什么以及他人的计划是什么，我们用自己的眼睛去收集信息。

在我们今天读的故事里，埃文、埃莉、杰西和莫莉乘坐火箭去外太空旅行。他们遇到了好奇的外星人。正如故事所描述的，外星人和孩子们试图沟通但他们说的不是同一种语言。孩子们需要学习用眼睛思考，从而搞明白外星人正看着什么，如何将其与他们所想的联系起来以及他们下一步会做什么。

你需要使用词组"用眼睛思考"，而不是对行动做出指示，例如"看着我"或者"用眼神交流"。当孩子们学会用他们的眼睛思考，他们开始理解观察其他人以及周围环境的目的。当你用眼睛思考的时候，你就融入了一个主动的过程，这个过程帮助你确定他人正看着什么，他们感受怎么样，以及紧接着会如何反应。这不仅仅只是简单的"看"，还需要加人思考！

一个人正看着的往往就是他或她正想着的。我们可以通过别人所看着的东西去聪明地猜测他们正想着的人或事。例如，当你和朋友交谈的时候，他正看着你，这代表他正想着你以及你对他说的话。当我们看着其他的东西而不是和我们交谈的那个人时，比如墙上的一幅画，我们传递的信息是，我们想着那幅画而不是和我们交谈的那个人。因为"看着"意味着"想着"。

眼睛就好像箭头，它射向某人正看着的事物，很可能也是他或她正想着的事物。

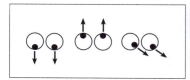 

184

单元

身体在小组中

目标社交思维概念

身体在小组中

定义

让你的身体处于小组中意味着和周围人保持舒适的社交距离，即不要太近，也不要太远。

当你身体在小组中时，会向别人传达非语言的信息，即你对他们感兴趣并且你在执行同样的计划。反之亦然。当你的身体和周围人离得太远了，在小组之外的时候，会发出"你没有考虑小组"的信息。

我们为什么教授这个概念

虽然我们经常意识到在交流中口语表达和谈论内容的重要性，但同样重要的是，理解身体上的靠近也是社交互动成功的关键因素。当我们与他人共享空间时，我们会通过身体的接近来表明我们对小组的参与度和兴趣。

本单元教学总览

- 通读单元计划和与之相关的教学时刻活动。
- 通读故事书，注意不同地方需要"停下来，做一做""停下来，注意"和（或）"停下来，讨论"。
- 通读单元内要完成的不同结构化活动。
- 准备材料：为不同的活动制作道具、收集玩具、图像等。
- 熟悉本单元教学中使用的歌曲的歌词。
- 回顾本单元"要点"部分的核心概念和准则。
- 回顾关于这个概念的目标的建议。（请在附录D中找到目标）

单元计划 **4**

我们建立了一个单元流程，在每个单元中重复使用，以帮助学生们做好学习准备，在教学过程中参与进来，并意识到教学何时结束。这有助于学生保持内在的条理性，也可以帮助老师在教学时更有组织性。单元流程如下：

- 单元计划。（详见第43页）
- 阅读故事书，使用其中的教学时刻建议。
- 做一些结构化活动。
- 在戏剧化游戏中强化概念和词汇。
- 结束环节。（详见第48页）
- 寄送《告家长书》（附录C）。

开场活动：阅读故事书

《身体在小组中》

故事摘要

在这个故事中，埃文、埃莉、杰西和莫莉去海底旅行。他们的计划是寻找一颗鲨鱼牙齿，他们很快意识到他们需要想到彼此，并且身体保持在小组中才能发现鲨鱼牙齿。当他们保持身体在小组中，最终他们找到了鲨鱼牙齿，也遇到了他们没想到的事情。

准备故事中的教学材料

附录A包括故事书中所需的"教学时刻"图标。虽然使用这些可视的工具不是必要的，但如果你想在故事的适当时候展示一些东西，可以先打印图标，然后剪下来过塑或是将它们打印在硬卡片纸上，都是有帮助的。

第11页：停一停，做一做

- 复印故事中的海洋生物（附录A）。
- 将海洋生物图片放入袋中。

介绍故事书中的概念

介绍故事背景和孩子们将会学到的新词汇概念："在今天的故事中，埃文、埃莉、杰西和莫莉将进行一次海洋探险。他们会看到许多不同种类的鱼和海洋生物，有些成群结队，有些则独处。他们将学习'身体在小组中'。当我们与他人共享空间时，无论我们是鱼、动物还是孩子，我们通过身体靠近表明我们想要在他们身边并对他们感兴趣。让你的身体处于小组中意味着和周围人保持舒适的社交距离，即不要太近，也不要太远。当你身体在小组中时，会向别人传达非语言的信息，即你对他们感兴趣并且你在执行同样的计划。反之亦然。当你的身体和周围人离得太远了，在小组之外的时候，会发出'你没有考虑小组'这样的信息。"

阅读故事

开始阅读故事，在下面描述的"教学时刻"暂停，这将帮助你扩展学习。

教学时刻

在阅读这个故事之前，回顾前面单元所介绍的相关的概念。

引导孩子们对人物下一步的行动做出"聪明地猜测"，提出引导性问题，并指出插图中与故事内容有关的细节（如海底的动物）。

- 你看到了什么？
- 孩子们在想什么？
- 孩子们要去哪里？

介绍故事里新的词汇概念，"今天我们会读到埃文、埃莉、杰西和莫莉的海洋探险。我们会学习一些新的内容——'身体在小组中'。"

第11页

这里有很多章鱼，但它们的身体并不在一起，它们不是一个小组。你能找到其他小组吗？你还能找到什么？

向学生提出，小组有大有小，甚至2只动物也可以组成一个小组。

向学生展示你制作的海洋生物，然后将它们放回袋子里。让每个孩子将手伸入袋子中选择一种动物，轮流把每个海洋生物放在圆圈的中间，这样它们就形成了一个小组。"停一停，做一做"这个活动的目的是让孩子们摆弄动物，看它们进出小组。

第13页

当孩子们的身体靠得太近时,他们会感到不舒服和不安。这里需要特别关注孩子们的面部表情。

第14页

当孩子们身体之间保持合适距离时,注意他们的面部表情和情绪发生了怎样的变化。当他们有活动空间时,他们会觉得更好。

第15页

注意孩子们因彼此之间距离太远而感到不舒服。

第16页

在生活中,无论在哪儿我们都会体验许多不同类型的小组。在这幅插图中,有一小群鱼,它们是学校里的一个小组!

第18页

这幅插图提供了讨论另一个小组的机会——一个基于共同活动的小组。注意螃蟹,2只螃蟹在一个音乐小组中一起演奏乐器。注意那只吹号角的螃蟹,它的身体离开了小组。

第20页

在这里,我们看到了另一个小组:家庭小组! 毯子上的海龟们正一起分享海草。

第27页

与小组成员进行"聪明地猜测"。角色们在看什么?

单元4 结构化活动

完成故事和相应的"教学时刻"后，可使用以下活动来强化社交思维词汇。请记住，你的目的是在教学时刻示范如何使用这些词汇。

注意学生的身体在小组中的次数。当学生对上面的社交思维词汇已经掌握时，再使用词汇是很重要的，这样才能将注意力集中在他被期望所做的事情上。如果这些词汇只是用来告诉学生们什么是不能做的（"看贝丽尔，她的身体不在小组中"），那么学生们就会将这些词汇与不良行为相联系，而不能帮助他们学习积极行为。

《在小组中》音乐活动

开始之前：准备材料

- 准备音乐专辑，播放曲目5：《在小组中》。

活动1介绍

此活动的目的是提高学生在小组中对社交距离的认识。我们将身体融入小组中时，从而我们将成为小组计划的一部分。通常，我们需要直接指导预期的社交距离是多少，并让学生练习在小组中和离开小组是什么样的。

使用插图作为指南，回顾故事中的第13页和第15页。埃文、埃莉、杰西和莫莉学会了保持他们的身体在小组中，即不要太近，也不要太远。现在，你的学生也将有机会实践此概念。

- 指导学生们站起来围成一圈。
- 站立时，让每个孩子将一只手臂伸到一边。
- 如果一个孩子的手臂碰到另一个孩子，说明站得太近了；如果一个孩子与其他人距离超过一臂了，说明站得太远了。
- 调整到音乐曲目5：《在小组中》。
- 告诉学生们小组计划是放一些音乐并举办舞会。当音乐停止时就变成"木头人"。"木头人"意味着停止移动身体的任何一个部分。
- 开始音乐并鼓励孩子们在房间里跳舞。
  在整个过程中快速暂停歌曲，此时孩子们一动不动。鼓励他们环顾房间，用眼睛思考。然后讨论每个人所处的位置。大家是在一个小组中，还是分散在房间的各个角落？谁的身体还在小组中？谁的身体在小组之外？活动的目的是观察和讨论在跳舞的过程中发生的事情。

- 在此活动期间拍照或录像然后进行回顾,可能会有所帮助。

让孩子们查看静止图像来了解他们的身体在小组中或小组之外时的样子,通常这样更容易些。

岛屿

开始之前：准备材料

- 在房间周围构建3个岛屿。

你能够使用任何指定清晰且明确的空间材料。比如：在地板上使用毯子、地毯方格或画家胶带（摆成岛屿的样子）。

- 收集材料以制作3个不同的岛屿主题。例如：
  ○ 动物岛的毛绒动物玩具
  ○ 建造岛的积木和工具
  ○ 烹饪岛的玩具食物
  ○ 泡泡岛的泡泡
- 在每个岛上布置材料。

活动2介绍

这项活动的目的是探索当一个人坐着、站着和移动时,让身体在小组中意味着什么。因为让你的身体在小组中可能会因环境而看起来不一样,所以在各种环境和活动中练习这个概念很重要。当空间被明确定义时,如坐在桌子旁比起身移动,更容易让你的身体保持在小组中。因此,当我们在站立和排队时,也要练习将身体融入小组。

- 如本单元准备部分所述,使用相应的材料建造3个不同的岛屿。
- 告诉学生们你们将一起探索岛屿。在每个岛屿都可以找到和做一些有趣的事情。
- 告诉孩子们前往岛屿时必须保持身体在一个小组中。以下列方式从一个岛屿前往另一个岛屿：
  ○ 假装一起游到岛上,在游的时候使用词汇。例如,"每个人都保持自己的身体在小组中！不要太近,也不要太远。我们正身处一个小组中一起游泳。"
  ○ 站成一列,一起走到岛上,当走的时候再次使用词汇,"我用眼睛思考,发现每个人的身体都在队伍中,这看起来像一个小组！"
  ○ 将学生一个个送到岛上,这提供了一个对比,来展示身体在小组之外的样子。例如,"肯尼迪的身体在小组外,她正自己走到下一个岛屿。"
- 到达一个岛屿后,给学生一些时间探索和玩这些材料。在岛上时,让身体保持在小组中很重要。提醒学生,身体在小组中会让每个人都知道他们在为他人着想并且对玩耍感兴趣。尽情享受假装在岛上玩耍的这一想法。如果你的身体离开小组,你就会掉进水里！

活动 **障碍赛**

开始之前：准备材料

- 每条路线一开始选择 2 ～ 3 个障碍物。
  随着学生越来越熟悉"身体在小组中"这一概念，越来越有意识地保持身体在小组中，可以增加更多的障碍。
- 设置能够反映故事场景的障碍：
  ○ 珊瑚礁：泡沫块、地毯方格、装了豆子的小袋；将纸片鱼或玩具鱼附在上面。
  ○ 海藻丛：在门口或小桌子周围悬挂绿色纸带。你也可以把它们堆放在地板上堆成一大堆。
  ○ 沉船：在小桌子上挂一张床单或用一个纸板箱。
  ○ 海蚀洞：一个织物做成的隧道。

活动 3 介绍

障碍赛活动提供了另一种当小组处于运动时保持身体在小组中的练习方法。

准备一个模仿故事场景的障碍赛。建议从设置较少障碍开始，一开始只设置 2 ～ 3 个障碍。尝试几次后，随着学生越来越熟悉，越来越有意识地保持身体在小组中，增加更多的障碍。

指导学生将身体融入小组。告诉他们，你将和他们一起进行障碍赛。你们的目标是作为一个小组进行游戏并找到鲨鱼牙齿（或鲨鱼）。

在障碍赛中等待轮到他们时，保持身体在小组中对于孩子们来说是很有挑战性的！设置一个"等候区"可能会有所帮助，这样孩子们就可以更具体地了解站在哪里等待。放置椅子或站在呼啦圈中会有所帮助。

演示如何通过每个障碍。

指导一个孩子完成障碍赛中的第一个活动，剩下的孩子在等待轮替时必须保持身体在小组中。

在每个孩子都通过第一个障碍后，提醒孩子当所有人的身体都回到小组中时，你将进行障碍赛的下一个活动。假装一起游到下一个障碍，以相同的方式通过每一个障碍。

以同样的方式继续通过剩余的障碍。

自选：在最后一个障碍的尽头，有一个鲨鱼木偶、玩具或书中鲨鱼的图片，以相反的路线顺序返回以逃离鲨鱼。一旦你再次"安全"，和学生们讨论他们如何在快速游走的同时将他们的身体保持在小组中（或没有！）。

戏剧化游戏：强化概念和词汇

开始之前：准备材料

- 收集海洋冒险相关的图片，供孩子谈论，在头脑风暴和计划时使用。
- 复印第4单元模块1（附录A）部分，里面包含海洋中物体的图片：船、鱼、螃蟹、海龟、章鱼和沉船。剪下或放大图片，让它们能够贴在想法泡泡道具上。
- 找到重现你或孩子们关于水下冒险想法的道具。

一些道具可能与以往活动中的道具重叠。以下是关于潜水装备的建议：

- 护目镜或太阳镜
- 灵活的吸管
- 脚蹼
- 水下呼吸罐（透明升瓶、水族管或吸管）
- 寻找制作船的材料（积木、纸板箱）。
- 寻找和沙滩相关的材料，如贝壳、毛巾、沙具等。

海洋之旅

在结构性较弱的游戏时间，使用社交思维的概念和词汇，是帮助孩子们学习与同伴一起使用这些词汇的绝佳机会，这将使他们体会到让自己的身体融入小组是与他人相处的重要方面。

首先告诉学生："我们一起阅读了去海洋探险的故事。今天我们要假装大家一起去旅行。让我们来想一想，关于海洋我们知道什么？"你可以用故事来帮助提供情境以及附录A模块1中故事的物品。考虑以下内容以帮助你的小组思考海洋：

- 我们如何去海洋？
- 我们要穿什么去海洋？
- 谁住在海洋里？
- 不同的动物在海洋里做什么？
- 我们可以在海洋里做什么？

当孩子们进行头脑风暴时，将物品的图片放在你的想法泡泡中。例如，如果夏洛特说我们可以乘船前往大海，将船的图片放在想法泡泡中。如果孩子分享了一个没有图片可以代表的想法，可以随意画一个草图来直观地表达这个想法。

口头提示学生："我们一起思考了关于海洋以及在海洋中所有我们可以看到和做的事情。现在，让我们一起制订一个小组计划。我们去海边做什么？"

倾听学生们关于游戏头脑风暴的想法。这些可能包括：

- 保留上述活动设置的障碍。
- 驾驶水上飞机并降落在海洋中。
- 穿上潜水装备去潜水。
- 造一艘船去出海。
- 角色扮演——扮演不同的海洋动物。像章鱼一样游动或像海豚一样跳跃。

一旦小组成员们有了头脑风暴产生的想法，就该制订小组游戏计划了。你和学生将会按照下列的某一个方向进行游戏：

- 老师做出决定后每个人都按照这个计划执行。
- 依次按照每个孩子的计划进行游戏。
- 学生们把他们的想法一起讲出来，然后制订小组计划。*

* 请记住，**有些小组不能合作性玩耍很长时间！**

游戏

游戏的目标是在行动中演示词汇。在与海洋相关活动的背景下示范"身体在小组中"的使用。使用以下示例作为促进游戏的指南。

在使用词汇时，使用想法泡泡道具为学生提供视觉反馈。从游戏中取出材料，将它们举到你的眼前，然后放到想法泡泡中，接着又回到你的眼前，再放到想法泡泡中。

"比阿特丽斯将身体加入小组中，正打算和小组里的其他人一起玩。"

"梅和凯伦的身体在一个小组中，他们正一起穿潜水装备。也许莉可以把护目镜拿过来，让身体加入这个小组中。"

"希瑟正在戴护目镜，克里斯塔正在戴脚蹼。我想知道当劳里的身体加入小组中时，她会穿什么？"

"劳拉、梅根和埃里卡让他们的身体在一个小组中，一起探索海蚀洞。"

"凯蒂看起来很害怕鲨鱼，也许我们可以假装它是一条友好的鲨鱼。让我们身体靠在一起，组成一个小组，一起开个茶话会。"

收拾整理

游戏的最后一个部分永远是收拾整理！在这段时间，继续使用学到的词汇。例如：

- "将你的身体放在小组中，和其他成员一起清理潜水装备。"
- "比利和马特的身体在一个小组中。他们正在清理海蚀洞。"
- "当所有的玩具都整理好后，将你的身体在小组中等待圆圈时间。"

课后教学

本单元课程结束并不意味着学习就此停止！在后面的单元里以及与学生共处的时间里，继续使用和强化这些词汇。以下是一些建议。

准备小组活动前：

- "上课时间到了，让你的身体加入小组中并坐下来。"
- "当我看到每个人的身体都在小组中时，我就知道大家准备好了。"
- "把你的背包挂起来，让你的身体加入小组中来。"

课间时间：

- "让你的身体加入小组中来，这样我们就可以一起吃零食了。"
- "当你的身体不在小组中时，你看起来还没有准备好参加我们的下一场比赛。"

小组活动结束后：

- "让你的身体加入门口的小组中。"
- "让你的身体加入有妈妈在的小组中，这向妈妈表示，你已经准备好回家了。"
- "当你走向汽车的时候，让你的身体保持在小组中。"

小结：评价学生在本单元的学习情况

下面的表格是我们希望学生们从本单元学到的关键概念的计分表。回顾这张表，并根据下面的评分标准评估学生的知识水平。

1=	没有理解概念。他们没有使用词汇或表现出任何要求的行为。
2=	逐渐意识到概念。也许可以指出或举例说明概念在别人身上的使用或误用，但即使得到最大限度的支持和提示，也无法展示如何使用。
3=	逐渐意识到概念。也许可以指出或举例说明概念在他人身上的使用或误用，并在最大限度的支持和提示下能够展示如何使用。
4=	对概念有深刻的理解，并能在适当的提示下展示如何使用。
5=	对概念有深刻的理解，并能在少量的提示下展示如何使用。

如果你给一个学生的大部分要点打分为1分，需要考虑：
课程设置是否适合该学生？（见第36页教程概况）

如果你给一个学生的大部分要点打分是2或3分，需要考虑：
在进入下一单元之前花更多的时间教授此概念。用不同的方式和在不同的环境中探讨此概念。

如果你给一个学生的大部分要点打分为4分或以上，需要考虑：
当你在进行下一单元教学或深化本单元的知识时，继续在情境中和教授时刻使用此概念。

单元 ④ 重点

《身体在小组中》

我们期望孩子们接触（而不是掌握）以下概念：

- 让自己的身体处于小组中意味着和周围人保持舒适的距离，即不要太近，也不要太远。
- 当你身处小组中时，你的身体会向别人传达非语言信息，即你对他们感兴趣并且你和他们一起执行相同的计划，这让别人对与你共享空间感到自在。反之亦然。如果你的身体在小组之外的时候，会传达"你对其他人不感兴趣"的非语言信息，这让别人对与你共享空间感到不舒服。
- "让你的身体在小组中"根据以下情况（情境）会看起来不同：坐在桌子边，站成或排成一排，在地板上围坐一圈。
- 小组是指两个或更多人在一起共享空间或执行计划。

《告家长书》: 将学习延伸到课堂之外

　　当孩子学习新的社交思维词汇时,请求父母和家人的帮助,让他们在家里使用相同的词汇,这对孩子是很有帮助的。

　　在本书后面的附录C中可找到这封《告家长书》。

全身倾听

目标社交思维概念

全身倾听[1]

定义

"全身倾听"就是你的眼睛、耳朵、嘴巴、手、手臂、腿和脚都平和安静的时候。当你的身体平和安静时，你就能够用自己的全身倾听。这帮助你注意到你周围的人在干什么，也能让他们知道你在想着他们。

我们为什么教授这个概念

倾听是一个主动的过程，帮助学生协调他们的身体和思维，帮助他们更加全面地处理周围发生的事。这包括向他人展示我们正在想着他们做的事和说的话。这也意味着我们在当时的情景下考虑他们的话和感受，我们也正在想着他们。这包括对正在发生的事表现得感兴趣，尽管我们可能觉得话题无聊。

我们介绍了这个儿童也能理解的词汇——"全身倾听"，这样孩子们能够开始理解倾听并不只是

用耳朵。探索这个概念帮助我们的学生更好地意识到当小组中的其他人向我们说话时，我们如何倾听，以及我们正在向他人传递的非言语信息。全身倾听，然后关注并想到整个小组，为成功的交流和互动奠定基础。

本单元教学总览

- 通读单元计划和与之相关的教学时刻活动。
- 通读故事书，注意不同地方需要"停下来，做一做""停下来，注意"和（或）"停下来，讨论"。
- 通读单元内要完成的不同结构化活动。
- 准备材料：为不同的活动制作道具、收集玩具、图像等。
- 熟悉本单元教学中使用的歌曲的歌词。
- 回顾本单元"要点"部分的核心概念和准则。
- 回顾关于这个概念的目标的建议。（请在附录D中找到目标）

1　"全身倾听"是苏珊·波莱特·特鲁斯代尔（Susanne Poulette Truesdale）在1990年提出，并在她的文章《全身倾听：发展主动的倾听技巧》（Language, Speech, and Hearing Servicesin Schools, Vol. 21, July 1990, 183-184）中第一次描述。

单元计划 ⑤

我们建立了一个单元流程，在每个单元中重复使用，以帮助学生们做好学习准备，在教学过程中参与进来，并意识到教学何时结束。这有助于学生保持内在的条理性，也可以帮助老师在教学时更有组织性。单元流程如下：

- 单元计划。（详见第43页）
- 阅读故事书，使用其中的教学时刻建议。
- 做一些结构化活动。
- 在戏剧化游戏中强化概念和词汇。
- 结束环节。（详见第48页）
- 寄送《告家长书》（附录C）。

开场活动：阅读故事书

《全身倾听》

故事摘要

埃文、埃莉、杰西和莫莉去动物园。他们学到了当他们的身体部位都平和安静时，能向其他人表明自己正在想着他们。当他们全身倾听时，他们去看了很多动物，也学到了很多，每个人都觉得和大家在一起很好。

准备故事中的教学材料

附录A包括故事书中所需的"教学时刻"图标。虽然使用这些可视的工具不是必要的，但如果你想在故事的适当时候展示一些东西，可以先打印图标，然后剪下来过塑或是将它们打印在硬卡片纸上，都是有帮助的。

介绍故事书中的概念

介绍故事背景和孩子们将会学到的新词汇概念。"今天我们会读到埃文、埃莉、杰西和莫莉去动物园。他们会去看他们最喜欢的动物并且学习'全身倾听'的概念。你可能觉得当我们倾听时我们只会用到耳朵，但是今天你会学到我们也用身体的其他部位倾听，比如我们的眼睛、嘴巴、手、手臂、腿和脚！这帮助我们学习在别人说话时怎样成为更好的倾听者。我们也会了解我们的身体向他人传递出的无声信号。当我们的身体部位平和安静时，能向其他人展示我们正在想着他们，听他们说话。每个人都觉得很好！"

阅读故事

开始阅读故事,在下面描述的"教学时刻"暂停,这将帮助你扩展学习。

教学时刻

在阅读这个故事之前,回顾前面单元所介绍的相关的概念。

引导孩子们对人物下一步的行动做出"聪明地猜测",提出引导性问题,并指出插图中与故事内容有关的细节(如动物园的动物)。

- 你看到了什么?
- 孩子们在想什么?
- 孩子们要去哪里?

介绍故事里新的词汇概念:"今天我们会读到埃文、埃莉、杰西和莫莉去动物园。我们会学习一些新的内容——'全身倾听'。"

第12页

花一点时间把故事中发生的事和你教室中的真实情景联系起来。你的学生在全身倾听吗?提供积极的反馈,引起人们对预期的关注。比如,"我看到鲁比的手和脚正在倾听,布兰达的嘴巴正在倾听。卡洛斯正在全身倾听。"

第13页

孩子们知道要去哪儿,因为他们正在全身倾听。

第14页

在插图中,埃文的话正在被其他孩子的动作"打断"。尽管其他人没有说话(这是我们平常想到的打断),他们手臂的大动作令人分心,发出的噪声让埃文停止分享信息。他们的动作传达出他们没有听埃文说话,所以埃文不再继续说了。插图(和后续相似的插图)传达了这个概念:埃文的话正在被其他孩子的**动作**打断。

第16页

不仅是埃莉对小组中其他孩子的动作感到不舒服,火烈鸟也是! 它们不喜欢多余的动作和噪声。注意:在所有插图中,动物也在沟通想法和感受!

第17页

现在,孩子们都在全身倾听,火烈鸟也再次觉得舒服了。

第20页

注意尽管莫莉没有说话,她正在尝试把孩子们的注意力引到猴子身上。他们舞动的双手让莫莉觉得他们没有注意到她。

第22页

埃文和杰西感受怎么样? 你是怎么知道的? 你在他们的面部表情和肢体动作找到什么线索? 莫莉和埃莉感受怎么样? 你是怎么知道的? 讨论一下,当我们没有全身倾听时,其他人当时的感受可能和我们不一样。比如,埃莉和莫莉觉得开心但没有倾听。这让埃文和杰西生气了,因为埃莉和莫莉不关心他们周围发生的事情。

第23页

现在,杰西和埃文感受怎么样? 他们的想法和感受改变了吗? 你是怎么知道的? 埃莉和莫莉觉得怎么样? 他们改变了自己的做法,现在他们和小组紧密相连了。这让所有人开心。

第31页

讨论用全身倾听的正面结果。当他们全身倾听时,他们能用自己的眼睛思考,并且跟上动物管理员的计划。现在小组能玩得开心,喂长颈鹿。

单元5 结构化活动

完成故事和相应的"教学时刻"后,可使用以下活动来强化社交思维词汇。请记住,你的目的是在教学时刻示范如何使用这些词汇。

关注学生用全身倾听的次数。当学生对上面的社交思维词汇已经掌握时,再使用词汇是很重要的,这样才能将注意力集中在他被期望所做的事情上。如果这些词汇只是用来告诉学生们什么是不能做的("看珀尔,她没有用全身倾听。"),那么学生就会将这些词汇和不良行为相联系,而不能帮助他们学习积极行为。

活动 1　《全身倾听》音乐游戏

开始之前:准备材料

- 准备音乐专辑,播放曲目6:《全身倾听》。
- 预习歌词(附录B)。

活动1介绍

- 预习歌曲,熟悉歌曲中用到的语言。
- 当你们听歌时,和孩子们一起把歌词表演出来!

活动 2　让你的全身倾听!

活动2介绍

使用第一单元附录A中的身体部位卡片,练习让不同的身体部位不在倾听(让这些部位动来动去),然后让这些部位在倾听。

把身体部位卡片弄混然后向下放置,从中间选择几个,每次一个,让整个小组练习。如果你抽到了双手卡,整个小组可以开始扭动自己的手和手指,挥舞,拍手,甚至到处乱舞或用手拍桌子。一旦每个人都在移动那个身体部位("糟啦,我们的双手没有在倾听!"),你们就必须明白怎么让这个部位倾听("要让我们的双手倾听,我们必须得停止移动它们")。倒计时让孩子们的双手安静下来在这里可能会有用,特别是当允许孩子乱动时,他们会很兴奋。一旦整个小组都停下来,告诉他们现在大家的全身都在倾听了。换几个身体部位,重复。注意提出哪些学生正在非常好地全身倾听。

当小组已经练习了很多次,小组中的每个人可以轮流选一张卡,然后让自己的身体部位动起来。让全组来帮助这个孩子明白怎样重新让他或她的全身倾听。比如,"糟糕,艾弗里的嘴巴没有倾听!她可以怎么做?"

注意:除了单个的身体部位,还有全身卡可以使用。当抽到这张卡时,舞动你的整个身体,再让整个身体倾听。

当你的小组准备好让游戏更有挑战性的时候,让一个人抽一张卡,但不展示给小组的其他成员。这个孩子舞动自己身体的这个部位,小组的其他人尝试猜出他或她的哪一个身体部位没有倾听。

 活动 3

动物园探险/表演这个故事

开始之前:准备材料

把你的房间假扮成一个动物园!

- 为故事里所有的动物指定和装饰一个房间的特定区域:鳄鱼、火烈鸟、变色龙、猴子、猎豹、狮子、大象和长颈鹿。你可以把故事书里动物的图片影印下来,或者用毛绒玩具作为道具。
- 用一个棕色的纸袋做一个长颈鹿玩偶。
- 用手工纸做一些叶子来喂长颈鹿。

活动 3 介绍

按照单元计划中准备环节的描述把你的房间变成一个假装的动物园。

保持你的身体在小组内,参观每一个动物并把故事表演出来。让孩子们首先练习不用代表动物的那个身体部位来倾听。观察模仿得很好的学生,告诉他们,他们在用自己的眼睛思考,做得很棒。然后提示孩子们停下,并且用那个身体部位倾听。

- 鳄鱼:让手臂上下张开,就像鳄鱼的嘴巴。然后提示:"现在,用你的手臂倾听!"
- 火烈鸟:用一条腿站立。然后提示:"现在,用你的双腿倾听!"

- 变色龙：看向房间的各处。然后提示："现在，用你的眼睛倾听。心里想着我！"
- 猴子：假装剥香蕉。然后提示："现在，用你的双手倾听！"
- 猎豹：在房间里跑来跑去。然后提示："现在，用你的双脚倾听！"
- 狮子：发出一个咆哮的声音。然后提示："现在，用你的嘴巴倾听！"
- 大象：假装做出大象的大耳朵，然后挥动双手当作扇动耳朵。然后提示："现在，用你的耳朵倾听！"
- 长颈鹿：现在，把所有的身体部位放到一起。提示，"当我看到你在全身倾听时，我能看出你想去喂长颈鹿。"当孩子们正在表现全身倾听时，把纸做的树叶发给孩子。每个孩子轮流把一片叶子放进长颈鹿的嘴巴里。

戏剧化游戏：强化概念和词汇

开始之前：准备材料

- 收集和动物园旅行有关的图片，在学生讨论、头脑风暴和制订计划时使用。
- 复印第5单元的模板2（附录A），其中包括在动物园中找到的东西的单独照片：一只火烈鸟、一条鳄鱼、一只长颈鹿、一只猴子、一个冰激凌摊位，还有动物管理员。把图片放大，剪下来，让它们方便贴在你的想法泡泡道具上。
- 把道具用来重现你和孩子们关于去动物园的任何想法。

有些道具可能与以往活动中的道具重叠。以下是一些建议：
- 毛绒动物玩偶或动物图片
- 积木
- 望远镜
- 纸做的票
- 公交车（去动物园的交通工具）
- 野餐用具（毯子、游戏食物）
- 动物园地图

动物园旅行

在结构性较弱的游戏时间，使用社交思维的概念和词汇，是帮助孩子们学习与同伴一起使用这些词汇的绝佳机会，这将使他们体会到和他人在一起时全身倾听是很重要的事。

设置

告诉学生们，"在我们的小组里，我们读了一个关于去动物园的故事。今天我们要假装自己去动物园。让我们想一想动物园吧。我们知道些什么？"你可以用这个故事帮助提供动物园里的情境和物品（在附录A中可以找到模板）。考虑以下事项来帮助你的小组思考：
- 我们怎么去动物园？
- 我们在动物园可能做什么？
- 我们在那将看到什么动物？

当孩子们进行头脑风暴时，把物品的图片放到想法泡泡中。如果梅布尔想分享在动物园看到的猴子，就把猴子的图片放到想法泡泡中。如果一个孩子分享的想法没有图片，可以快速画一幅草图来代表这个想法。

口头提示学生："我们一起想了想动物园，还有我们能看到、能做的所有不同事情。现在让我们一起做一个小组计划。我们在动物园冒险中应该做些什么？"

倾听学生们关于游戏头脑风暴的想法。这些可能包括：

- 一起建造一所动物园——决定哪个动物应该去哪儿，创造每个动物栖息地。
- 分配角色（动物、动物管理员、游客、收票员）并假装在动物园游玩。
- 在动物园野餐。
- 假装从动物园带一只动物回家。如果一只大象住在你的家里，会发生什么？

一旦小组成员们有了头脑风暴产生的想法，就该制订小组游戏计划了。你和学生将会按照下列的某一个方向进行游戏：

- 老师做出决定后每个人都按照这个计划执行。
- 依次按照每个孩子的计划进行游戏。
- 学生们把他们的想法一起讲出来，然后制订小组计划。*

* **请记住，有些小组不能合作性玩耍很长时间！**

游戏时间的目标是用行动来解释词汇。在去动物园和相关活动的情境中示范全身倾听的使用。用以下的例子作为指引来促进游戏。

当你和孩子谈话时，使用身体部位卡片来提供视觉反馈。提醒他们需要倾听的不同身体部位，不只是耳朵！

"考特尼就是用她的眼睛、耳朵、手和脚来倾听。"（当你强调需要倾听的各个身体部位时，展示卡片作视觉提示）

"莎拉，请让你的双手倾听。"（展示"双手"卡片）

游戏的最后部分永远都是收拾整理！在这段时间里，继续使用学到的词汇。例如：

- "用你的全身倾听，是时候把玩具收起来了。"
- "玛乔丽正在说她需要帮助！布伦娜正在全身倾听，她可以怎么帮助玛乔的。"
- "保罗，给兰迪展示你正在全身倾听。"

课后教学

本单元课程结束并不意味着学习就此停止！在后面的单元里以及与学生共处的时间里，继续使用和强化这些词汇。以下是一些建议。

还有两本与"全身倾听"概念相关的书——《拉里在学校全身倾听》(*Whole Body Listening Larry at School*)和《拉里在家里全身倾听》(*Whole listening Larry at home*)，都是由伊丽莎白·索泰(Elizabeth Sautter)和克丽丝·威尔逊(Kris Wilson)撰写。

准备小组活动前：
- "我能看出阿内丝正在全身倾听。她的双脚很安静，她的双手放在她的腿上，她的嘴巴没有说话，她的眼睛在看着我，想着我！她准备好圆圈围坐时间了。"
- "斯蒂芬妮，让你的手和脚倾听。让我看到你已经为圆圈围坐时间准备好了。"
- "卡登，全身倾听。"

课间时间：
- "克洛伊正在全身倾听露西。"
- "里卡多，全身倾听。艾米正在向你展示她想和你玩什么。"
- "麦可，希思正在试着告诉你他的想法。向他展示你正在全身倾听他的想法。"

小组活动结束后：
- "杰妮和亚历克斯正在向我展示他们在全身倾听。他们看起来准备好回家了。"
- "如果你的嘴巴没有倾听，你将听不到你的名字！"
- "全身倾听来听计划。"

小结：评价学生在本单元的学习情况

下面的表格是我们希望学生们从本单元学到的关键概念的计分表。回顾这张表，并根据下面的评分标准评估学生的知识水平。

1=	没有理解概念。他们没有使用词汇或表现出任何要求的行为。
2=	逐渐意识到概念。也许可以指出或举例说明概念在别人身上的使用或误用，但即使得到最大限度的支持和提示，也无法展示如何使用。
3=	逐渐意识到概念。也许可以指出或举例说明概念在他人身上的使用或误用，并在最大限度的支持和提示下能够展示如何使用。
4=	对概念有深刻的理解，并能在适当的提示下展示如何使用。
5=	对概念有深刻的理解，并能在少量的提示下展示如何使用。

如果你给一个学生的大部分要点打分为1分，需要考虑：
课程设置是否适合该学生？（见第36页教程概况）

如果你给一个学生的大部分要点打分是2或3分，需要考虑：
在进入下一单元之前花更多的时间教授此概念。用不同的方式和在不同的环境中探讨此概念。

如果你给一个学生的大部分要点打分为4分或以上，需要考虑：
当你在进行下一单元教学或深化本单元的知识时，继续在情境中和教授时刻使用此概念。

单元 **5** 重点

《全身倾听》

我们期望孩子们接触（而不是掌握）以下概念：

- 倾听包括用你的全部身体部位，不只是你的耳朵！
- 我们全身倾听，让我们的大脑吸收周围的全部信息（眼睛看到的，耳朵听到的等）。
- 我们全身倾听，就是告诉其他人我们正在听，也为了弄清楚正在发生什么。

《告家长书》：将学习延伸到课堂之外

当孩子学习新的社交思维词汇时，请求父母和家人的帮助，让他们在家里使用相同的词汇，这对孩子是很有帮助的。

在本书后面的附录 C 中可找到《告家长书》。

附录 A

单元模板

附录 B

音乐歌曲歌词

附录 C

《告家长书》

附录 D

记录目标的想法

附录 E

教学时刻

计划模板

设置

游戏

收拾整理

单元 1　停一停，注意

单元 1 停一停，做一做

停一停，做一做

单元 1 模板 1 教师用的想法泡泡

单元 1　模板 2　学生用的想法泡泡

单元1 模板3 说话泡泡

单元 1　模板 4　身体部位卡

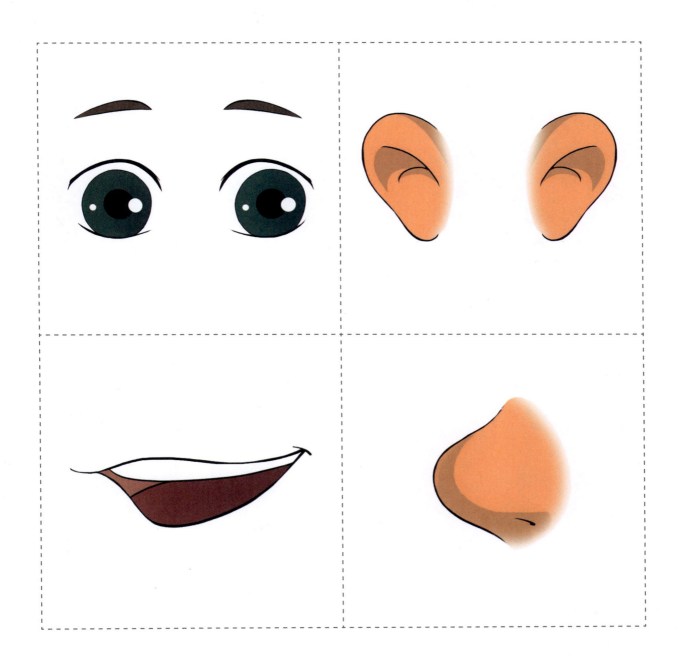

单元1　模板4　身体部位卡

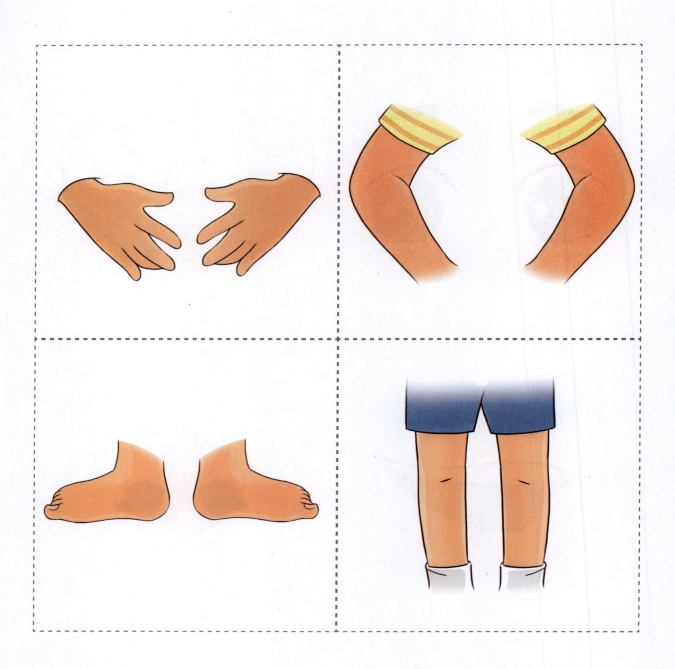

想想法与感受情绪

你的大脑是想法的"制造者"。

想法是你大脑中的一个主意、一个画面或是一句无声的话。

我们有自己的想法……

我们也会对其他人与事物产生想法。

你的心是感受的"守护者"。

感受是我们的某种情绪。

当我们一个人的时候,又或者在其他人身边时,我们都会有很多不同的感受。

为了帮助我们谈论自己的感受,我们使用"快乐""难过""生气"和"害怕"等词汇。

单元2　停一停，注意

单元2 停一停,讨论

单元2　停一停，做一做

停一停，做一做

单元2 模板1 苹果

单元2　模板2　农场里发现的东西

小组计划

当每个人都在想和做同一件事时，

这就叫作"小组计划"。

当每个人都在遵循小组计划时，我们就会想到彼此，

这让每个人都感到平静和舒服。

单元3　停一停,注意

单元3　停一停,讨论

单元3　停一停，做一做

单元3 模板1 外太空的物体

单元3　模板2　外星人

单元3

单元3 模板3 星球

单元3

用眼睛思考

我们的眼睛好像箭头,总是射向我们正看着的东西。

当我们看某样东西时,意味着我们在想着它。当别人看某样东西时,

他们也正想着这样东西。我们用眼睛观察正在发生什么并且发现人们正想的东西!

我们称为**"用眼睛思考"**

这能帮助我们融入集体并且遵循小组计划!

单元 4　停一停,看一看

单元 4

单元 4　停一停，做一做

单元4 模板1 海洋里的生物

单元 4

单元4　模板2　海洋中的物体

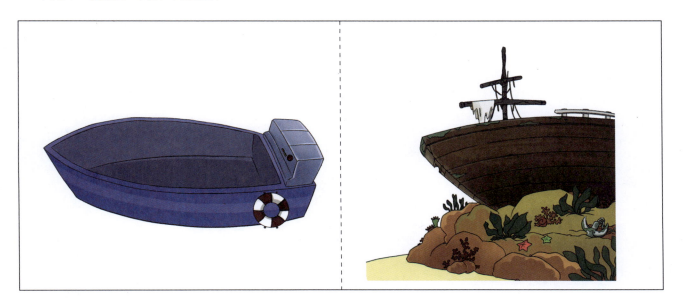

身体在小组中

当我们**身体在小组中**，意味着我们的身体靠近别人，

让别人知道我们是小组中的一员。

当我们的身体在小组中，我们和别人的身体离得既不会太近也不会太远。

当我们的身体在小组中，别人会用眼睛思考我们是小组的一部分！

单元 5 停一停, 注意

单元5　停一停，讨论

停一停，讨论

单元 5　停一停,做一做

单元5　模板1　全身卡片

单元5 模板2 动物园里的动物和其他

全身倾听

全身倾听[1]就是当我们倾听时,尽量让我们的眼睛、耳朵、嘴巴、手、手臂、腿和脚都保持平和安静。

当我们全身倾听时,能够帮助我们理解小组计划。

这让别人知道我们在想着他们！这让每个人觉得很好！

但是记住:这不是一项规则,只是一个工具！

如果我们时时刻刻都要这么做,就太累了！

1　"全身倾听"是苏珊·波莱特·特鲁斯代尔在1990年提出。

计划模板

想法产生的地方

词曲：汤姆·沙潘（Tom Chapin）、菲尔·加尔斯顿（Phil Galdston）

你有手指要弹（弹、弹），两只手可以拍（拍、拍）
十个脚趾要踏（踏、踏），但你的大脑是你思考的地方

有腿可以走路（左，右），有舌头可以说话（巴啦巴啦）
你可以走路和吱吱叫（吱吱），但你的大脑是你思考的地方

你有一张嘴要喝（吸、吸），两只眼睛要眨眼（眨、眨）
一个思考的地方（ohhhhh），你的大脑是你思考的地方

你有耳朵听（什么？），有谁在附近（谁？）
依然很清楚（是的！），你的大脑是你思考的地方

就像一幅照片，它在你的头发下面，它是你思考的地方
并且思考发生得很快，就像魔术一样，就像沙赞[1]
当你想，当你想一个想法
当你想，想，想一个想法

你成长的每一天，都有新的东西要知道
当你有一个想法在你的大脑中
如果你仔细思考，你可能会想到我也在想
我的大脑是我思考一个想法的地方

就像一幅照片，它在你的头发下面，它是你思考的地方
并且思考发生得很快，这就像一个魔术，就像沙赞
当你想，当你想到一个想法
当你想，想，想一个想法

所以继续思考（哦）如果我们同步思考（哦，哦）
我们大脑中的想法将形成一个连接（很酷！）
我们有一个鼻子可闻（嗅嗅），我们有一个故事要讲（巴啦巴啦）
现在我们非常清楚（是的！）我们的大脑是我们思考想法的地方
我们的大脑是我们思考想法的地方
我们的大脑是我们思考想法的地方

你思考的地方，你想到的一个的地方
你想，想，想一个想法的地方

1　美国漫画书中的超级英雄。

告诉我你的感受

词曲：汤姆·沙潘、菲尔·加尔斯顿

嗯，它始于每个男孩和女孩的心中
它流经你的血管，直达你的大脑
并走向外面的世界
当你快乐时，你会情绪高涨对别人敞开心扉
当你难过时，你封闭自己
当你害怕时，你变小而且蜷缩起来
当你兴奋时，你跳来跳去

所以大家笑，哈哈哈
大家哭，哇哇哇
大家唱，啦啦啦
大家摇头，不，不，不
下到地面，上到天花板
让我知道你知道什么
告诉我你的感受
告诉我你的感受

嗯，它穿过你的肌肉、你的肘部和你的膝盖
每次你移动，它只会证明
你很像我
当我们生气时，我们的双手紧握，皱着眉头
当我们平静时，我们是轻松和欢快的
我们让整个广阔的世界运转起来

所以大家笑，哈哈哈
大家哭，哇哇哇
大家唱，啦啦啦
大家摇头，不，不，不
下到地面，上到天花板
让我知道你知道什么
告诉我你的感受
告诉我你的感受

大家跳舞，大家欢呼
让我看到你咧嘴大笑
大家瞧，大家看
如果我对你微笑，你也会对我微笑

告诉我你的感受

计 划

词曲：汤姆·沙潘、菲尔·加尔斯顿

当只有你，且仅有你自己
你一个人，完全靠你自己
但是当你有我，
变成我们必须有一个计划

当只有你，且仅有你自己
当你只是一个人时会很有趣
但是当你有我，和我们
我们能制订一个计划

这就是目标，这就是游戏
找出你能做的一切
稍微窥探一下，解开谜语
然后你就会明白

那就是你，我和我们
参与计划的特殊小组
那是你想去的地方
知道计划很有趣

现在好多了，一起努力
坚持计划
然后是你和我，和我们
知道最新消息的特殊队伍

因为当计划一目了然
我们跟随，你和我
这是最棒的地方
因为你明白
是的，你知道你可以
成为计划的重要部分

用你的眼睛思考

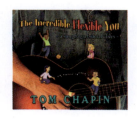

词曲：汤姆·沙潘、菲尔·加尔斯顿

睁开眼睛看一看，仔细看一看
这是在我下巴上面的笑容吗
用你的眼睛思考并看到
这一切都在同一个地方，就在我的脸上
如果你看着我
你可能会发现皱眉或微笑
用你的眼睛思考，你会看到
用你的眼睛思考，看看

你的眼睛可以是一个显微镜，可以看得细微
也许我很伤心，也许我很高兴
你看我一眼就知道
你的眼睛可以是望远镜，看得很远
如果我快乐，你会知道，如果我不快乐，它会展现
你看我一眼就知道

睁开眼睛看一看，仔细看一看
有很多关于你应该做什么的线索
用你的眼睛思考，你会明白
用你的眼睛思考和了解
你的眼睛可以是一台相机，在你脑中保存照片
也许我很热，也许我不热
你几乎每次都能说出
你的眼睛可以是灯塔，可以发出特别的信号
当你看着我时，你在想着我
我几乎每次都能看出来

所以，睁开你的眼睛，看看，仔细看看
这是在我下巴上面的笑容吗
用你的眼睛思考并明白
这一切都在一个地方，就在我的脸上
如果你看着我
你可能会发现皱眉或微笑
用你的眼睛思考，你会明白
当你看着我时，我知道你在想着我
用你的眼睛去思考，去了解

在小组中

词曲：汤姆·沙潘、菲尔·加尔斯顿

如果是1个，让它成为2个，让它成为我和你
如果是2个，就让它成3个，你和你和我
如果是3个，就让它成4个，因为3个可以再来1个
如果是4个，就让它成5个，让这群人活跃起来

每个人都有身体
保持身体在小组中
我们找到了进去的路，现在，让我们一起
在小组中工作、玩耍

如果是6个，就变成7个，做只是为了游戏
如果是7个，就变成8个，8个总是好的
如果是8个，就变成9个
9个真的很好，如果是9个，就让它成为10个
然后一切重新开始

每个人都有身体
保持身体在小组中
我们找到了进去的路，现在，让我们一起
在小组中工作、玩耍
眼睛和鼻子在里面，手指、脚趾在里面
膝盖和肘部都在小组中
不要迷路，让我们一起
在小组中工作、玩耍

1、2、3、4、5、6、7，还有8、9、10，然后，从头再来

每个人都有身体
保持身体在小组中
没有延迟，当你留下来的时候
在小组中工作、玩耍
眼睛和鼻子在里面，手指、脚趾在里面
膝盖和肘部都在小组中
不要抱怨，保持头脑清醒
保持你的身体，你的整个身体
保持每一个人在小组中

全身倾听

词曲：汤姆·沙潘、菲尔·加尔斯顿

在听……在看……不动
打开……关闭……放松

用什么在听……用什么在看……都在不动
打开……关闭……放松

用你的什么在听……用你的什么在看……用你的……不动
打开你的……关闭你的……放松你的

用你的耳朵听，用你的眼睛看，双脚不动
开动你的大脑，闭上你的嘴，把你的屁股放在座位上放松一下
用耳朵听，用眼睛看，双脚不动
开动你的大脑，闭上你的嘴，把你的屁股放在座位上放松一下

用全身，用全身
从头到脚，用你所知道的一切
和大家一起听

用耳朵听，用眼睛看，双脚不动
开动你的大脑，闭上你的嘴，把你的屁股放在座位上放松一下
用全身，用全身
从头到脚，用你所知道的一切
和大家一起听

听……用耳朵，看……用眼睛
你的双脚不动
开动……大脑，闭上……嘴巴
放松……屁股坐在座位上
用耳朵、眼睛、大脑和嘴巴聆听
当你的双脚保持不动
用耳朵、眼睛、大脑和嘴巴聆听
坐在座位上放松一下

用全身，用全身
从脚到小腿，从膝盖到大腿
从腹部到胸部，从下巴到眼睛
从低处到高处
和大家一起听

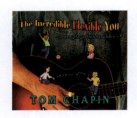

我自己的侦探

词曲：汤姆·沙潘、菲尔·加尔斯顿

寻找方法
寻找好消息
有很多线索可以学习
有些是不能做的，有些是可以做的
输的时候不要生气
轮到别人时让他们玩

我要当我自己的侦探
证据？我会收集它
每个提示，噢，我都会想办法查看它
如果我想保持与别人的联系
就要追踪别人期待的是什么
现在成为我自己的侦探

我发现了一个新的事实
当我看时，他们也回头看
我的行为是他们所能看到的
所以，我用我很酷的侦探工具
调查规则
现在，我可以说出他们对我的期望

要做我自己的侦探
证据？我会收集它
每个提示，噢，我都会想办法查看它
如果我想保持与别人的联系
就要追踪别人期待的是什么
现在成为我自己的侦探

现在，当他们微笑时，我可以微笑
我们已连接，你看
现在，当他们改变时，我可以改变
我心中有一个侦探

我要当我自己的侦探
证据？我会收集它
每个提示，噢，我都会想办法查看它
如果我想保持与别人的联系
就要追踪别人期待的是什么
追踪别人期待的是什么
做我自己的侦探
我要保持联系……现在

看,想,猜,知道

词曲:汤姆·沙潘、菲尔·加尔斯顿

当每个人都坐下,他们都聚集在一起时
你能猜到我在想什么吗?现在是围圈时间
当老师有一本书,她要你看
你能想到我在猜想什么吗?现在是故事时间
首先,你好好看看
然后你想到了
如果你猜得很对
也许你会知道
也许你会知道

看,想,猜,来吧
这是一个你会知道的好机会
如果你看,想,猜,来吧
这是一个你会知道的好机会

当我们收集积木并将它们扔进盒子时
你能猜到我在想什么吗?现在是清理时间
当我穿上外套时,在我的脖子上围上一条围巾
你能想到我在猜什么吗?是时候离开了
首先,你好好看看
然后你仔细想了
如果你猜得很对
也许你会知道
我打赌你会知道,是的

看,想,猜,来吧
这是一个你会知道的好机会
如果你看,想,猜,来吧
你将会有一个好机会
看,想,猜,来吧
这是一个你会知道的好机会
如果你看,想,猜,来吧
这是一个很好的机会
看,想,猜,来吧
你会知道,我打赌你会知道
看,想,猜,来吧
有一个很好的机会
这是一个你会知道的好机会

非常灵活的你

词曲：汤姆·沙潘、菲尔·加尔斯顿

当你有了自己的计划
你认为你不能做小组需要的事
无需噘嘴，容易解决
献给难以置信的、灵活的你

你可以扭动，你可以转圈
你可以改变，你可以学习
成为团队的一员很有趣，这是真的
有惊喜，那就是锻炼的机会
不可思议的，灵活的谁？不可思议的，灵活的你

当你稍微偏离你的计划时
你可以加入大家的活动
当你加入每个人的活动时
你可以玩得更开心

当你似乎被困住时
你其实不是，你很幸运！因为现在你知道你能做什么
花一两分钟向新的问题问好
不可思议的，灵活的谁
不可思议的，灵活的你

当你稍微偏离你的计划时
你可以加入大家的活动
当你加入每个人的活动时
你可以玩得很开心

当你有了自己的计划
你认为你不能做你朋友想做的事
谁知道这不是问题？这只是另一个任务
谁能够不闹？谁能做出明智的调整？
谁知道它是怎么解决的
谁能获得更多乐趣
最难以置信的、灵活的
不可思议，灵活的……你

问题的大小

词曲：汤姆·沙潘、菲尔·加尔斯顿

每天都有困难阻碍我
但我会没事的，因为我已经学会表达
问题有多大

当我知道的时候，不需要让我的烦恼变大
我知道去哪里和哪些人知道
做什么来解决问题

它像老鼠一样小，我可以自己解决它
如果有房子那么大，我可以去寻求帮助
如果它让我担心，一旦我学会了，怎样识别问题大小
就让它去某些地方。

多大，多短，多高
多大，多小，多短，多高
多大，多小，多短，多高
多大，多短，多高

如果它像跳蚤一样小，我可以自己解决它
如果它像树一样大，我就需要别人帮助
如果它让我担心，一旦我学会了，怎样识别问题大小
就让它去某些地方

多大，多短，多高
多大，多小，多短，多高

当事情妨碍我时我会没事的
因为我学会了每天表达
问题有多大
多大，多短，多高
多大，多小，多短，多高

我知道你知道
（想象）

词曲：汤姆·沙潘、菲尔·加尔斯顿

我知道，我知道你知道
我想象，你想象
我知道，我知道你知道
如果你假装我假装它是一个，有趣的想象

你是鲨鱼，我是鲸鱼
一起在海底
我们可以是小丑，到处做小丑
每天夜里一起在马戏团
我们所要做的就是知道

我知道，我知道你知道
我想象，你想象
我知道，我知道你知道
如果你假装我假装它是一个，有趣的想象

我想一些事情，你想一些事情
我们一起思考一些事情
我玩游戏，你玩游戏
但最好是我们一起玩
我们所要做的就是知道

我们正在灭火，软管瞄准
一起爬上梯子
或两名宇航员，在太空中漫步
一起探索行星
我们所要做的就是知道

我知道，我知道你知道
我想象，你想象
我知道，我知道你知道
如果你假装我假装它是一个，有趣的，想象
一个，有趣的
想象

你能够弯曲

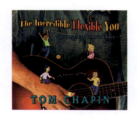

词曲：汤姆·沙潘、菲尔·加尔斯顿

当你知道如何弯曲时，你能够像弓一样弯曲
当你需要的时候，你能够像膝盖一样弯曲
当你知道你必须这样做时，你就能够顺着做
相信会做得好

当你知道如何弹跳时，你能像球一样弹跳
当你需要的时候，你可以转圈
你能像车轮一样滚动，因为你知道你能应对处理
并觉得会做得好

如果你遇到奇怪的事情，你可以改变，没关系
并对每个新的惊奇之事说……
我能像弓一样弯曲　因为我知道如何弯曲
当我需要的时候，我能像膝盖一样弯曲
当我知道必须要做的时候，我能够顺着做
相信我可以做得好

任何时候，当遇到奇怪的事情时
我可以对每一个新的惊奇之事说

我会像球一样弹跳　因为我知道如何弹跳
我能在需要的时候转圈
我能像车轮一样滚动因为我知道我能应对
并觉得可以做得好

我们能像弓一样弯曲，因为我们知道如何弯曲
当我们需要时，我们能像膝盖一样弯曲
当我们知道我们必须做时，我们能顺着做
相信可以做得好

关于《社交探索教程》

亲爱的家长：

欢迎阅读《社交探索教程》——学龄前和小学低年级孩子的社交思维课程！你的孩子正在开始一段激动人心的冒险，更多地了解社交世界。本文旨在向你介绍本教程并提供支持孩子在家学习的有关信息。

《社交探索教程》旨在帮助年幼的语言学习者培养他们成为灵活的社交思考者和社交问题解决者所需的技能。通过故事书中四个人物的经历和配套的课程单元，孩子们将学习社交思维和社交期待。他们还将了解自己（以及其他人）的想法，以帮助他们在社交游戏和互动中做出更好的决定。

本教程基于社交思维，这是一门由米歇尔·加西亚·温纳（Michelle Garcia Winner）开发的治疗方法，它可以教我们社交行为背后的"原因"。温纳创造了社交思维词汇和概念，以分解、解释构成我们社交世界的抽象概念并将其转化为具体词汇。

本书有5个单元，与本教学系列中的5本故事书保持一致。每个单元的目标是通过一个词汇教授特定的社交思维概念。你收到的《告家长书》，其中解释了教程中的概念以及如何支持孩子在家学习。

当你们一起开始这个社交学习探险时，请记住以下几点：

- 社交学习的过程缓慢而深入！我们不期望孩子很快地掌握概念。
- 了解孩子正在接触的概念并开始在家使用相同的词汇。当你在家、在商店、在汽车里——随时随地！你越能把词汇作为你的一部分日常用语，训练的效果就越好。
- 完成每封《告家长书》中包含的"家庭活动"。
- 一定要享受每个单元配套的故事和歌曲，它们是为整个家庭设计的。
- 不要忘记注意并提示孩子在某些时候已经成为一个优秀的社交思考者（正强化！），这也会让在他们身边的其他人觉得良好！

请注意，本课程是为有一定的聆听和语言技能儿童设计的，他们的能力要达到可以理解和讨论故事书中提出的概念。虽然所有孩子都将从探索这些概念中受益，但有特殊学习需求的学生可能需要更多时间来达到同样效果。

我们希望你和家人在学习和实践这些非常重要的概念时保持好的心情。

单元 **1**

想想法与感受情绪

《告家长书》和家庭活动

社交学习是关于"想法"和"感受"的。为他人着想、合作游戏和建立友谊的能力都是关于想法的:了解我们自己的想法,与他人分享,并在我们的行动和反应中考虑他人的想法。我们首先介绍这些概念,因为所有后续的概念和词汇单元都与想法相关。(你在想什么? 我在想什么? 小组在想什么?)我们将感受联系起来,因为我们的想法和感受是分不开的。

在探索想法和感受时,我们首先要建立与身体部位的联系。孩子们熟悉他们的身体,我们能够使用他们所知道的:我们都有许多身体部位,每个部位都起到重要作用。在大多数情况下,我们可以看到这些部位并观察它们的工作。例如,我们可以看到手拍手、握住和触摸,以及脚踏步、跳跃和奔跑。然后我们将这些信息与更抽象的思想和情感概念联系起来。也就是说,我们身体内还有其他部分也有重要的工作。我们的大脑和心脏是我们与人相处时使用的两个部分。我们的大脑是我们的想法"制造者"。我们将想法定义为你大脑中的主意、图像或文字。为了帮助我们谈论想法,我们使用"思考"和"知道"这样的词。我们的心是我们感受的"守护者"。感受是我们的某种情绪。为了帮助我们谈论我们的感受,我们使用快乐、难过、生气、害怕等词汇。

在第一本故事书中,我们遇到了4个主要角色——埃文、埃莉、杰西和莫莉。这四个孩子进行了许多冒险,以介绍和探索社交思维词汇和概念。在他们的第一次冒险中,他们了解了两个重要的概念:想法和感受。

在家里,要让你的孩子意识到他或她有自己的想法十分重要。我们通过引导孩子关注大而夸张的例子来实践这一点。当孩子们看到我们做一些意想不到(不寻常的、愚蠢的等)的事情时我们贴上标签说:"你有一个想法! 看到我把鞋子戴在手上,你觉得那太傻了! 你对我产生了这个想法。"

你可以在家里继续强化这一点,做任何不寻常或打破常规的事情,并通过说"你有一个想法"来标记这个过程。以下是一些建议:

穿衣服的时候,

- 把袜子放在手上。"你产生了一个想法。我把袜子放在手上。这很愚蠢。你对我有想法。"
- 把裤子放在头上。
- 将衬衫穿反了。
- 出门时:
  ——随身携带一些不寻常的东西到门口,如烤面包机。"你有想法。我带着烤面包机来和我一起工作。这很愚蠢。烤面包机应该留在厨房里。你对我有想法。"
  ——穿长袍而不是夹克,或穿拖鞋而不是鞋子。

虽然上述活动夸大了孩子有想法的情况,但重要的是要记住我们总是有想法,无论大还是小。将这些过度夸大的例子与我们日常的想法进行对比,这些想法并不那么明显和常规。

以下是我们可能有的日常想法的一些例子:
- "我喜欢香蕉。我在想吃香蕉。"
- "该吃饭了。我在想做饭。"
- "我正在想穿上鞋子。"
- "我在想给你读一本书。"

我喜欢思考的事情……
包括方便孩子可以在个人层面上与此概念相关联并探索他们自己想法的活动。

说明:使用《告家长书》末尾的想法泡泡模板。让孩子画一张他或她自己的照片(或使用照片)并将其放在想法泡泡下。然后用孩子喜欢做、玩、吃等的图片或图画填充想法泡泡。

感受书
首先在左侧将四张纸装订成书形。在每张纸的顶部,写一个表达感受的词。从这些感受开始:快乐、生气、难过和害怕。要么画图,要么拍照,让孩子做出那些面部表情。

和孩子一起谈论他曾经感受和经历过那种情绪的时刻。画一幅画,使用杂志上的照片,或这些时代的个人照片,然后将它们添加到相对应的表达情绪词汇页面中。不要期望孩子能够马上独立举例。你可以决定制作这本书,然后随着时间的推移填写示例。例如,在生日聚会之后,你可以在"快乐"页面上添加图片。

当孩子开始学习和识别更多情绪时,添加页面以增加孩子的情绪词汇。示例可以包括:

自豪的	舒适的	嫉妒的
失望的	不舒服的	紧张的
沮丧的	好奇的	惊讶的
兴奋的	困惑的	脾气暴躁的
担心的	冷静的	愚蠢的

我喜欢想的事情

单元 **2**

小组计划

《告家长书》和家庭活动

在我们今天的社交思维小组里，我们学习了"小组计划"。在这个故事里，埃文、埃丽、杰西和莫莉去农场玩，他们准备做苹果派和冰激凌。他们需要了解遵循个人计划和遵循小组计划的区别。当一个人遵循个人计划时，这个团队就无法完成他们的小组目标。当他们一起工作并遵循小组计划时，每个人都觉得很好，最后他们还可以分享美味的食物。

在我们的小组中，我们通过插图把大家一起思考小组计划和一个人思考个人计划来做对比（见下图）。我们通过"计划"来帮助孩子理解，当他们在小组里工作时，他们应该想什么和做什么。当每个人都在遵循这个计划时，我们就想到彼此。当我们在想彼此时，每个人都觉得很好。

对扩展在家学习小组计划的建议：
- 讨论"计划"以及你在想什么。例如，"我的计划是制作一种小吃。""这个计划是去商店。""这个计划是准备睡觉！到刷牙时间了；按照计划去做吧。"
- 讨论每个人会说和做什么，以确保所有的人都有相同的想法（计划）。参考下面的例子："我正在考虑去商店的计划。我准备拿外套了。""赛依达正在考虑这个小组计划。她正帮忙摆放餐桌，准备晚餐。"
- 当你们共同分享一个计划时，可以告诉孩子你的感受。例如，"当我们共同遵循一个计划——准备去学校时，我穿上了我的鞋，你也穿上了你的鞋，这让我觉得很开心，现在我们一起走吧。"或者还可以使用图片或句子告诉孩子。

活动 1

家庭活动：遵循这个计划！

每当我们一起做事情时，我们都在遵循同一个小组计划。强化孩子不仅在学校要遵循计划，在家里也要有遵循计划的想法。在家里，小组计划可能包括做饭、吃饭、叠衣服、扫院子里的落叶、骑自行车，或者去商店。我们的行为和他人的感受之间有一种联系。当我们遵循小组计划时，这会让其他人感到快乐，让我们也觉得很好！

　　画一幅画或拍一张照片关于你们在这周一起做的事。一些想法包括：玩游戏、做零食、吃晚饭、去商店，或者整理衣服！画一个想法泡泡，把照片或图画粘在泡泡里。然后在想法泡泡下面的方框里画上你们自己，表明你们正在想这个计划和活动。参见下面的示例。

单元 **3**

用眼睛思考

《告家长书》和家庭活动

在我们今天的社交思维小组课里，我们学习了"用眼睛思考"。就表达上而言，我们用自己的眼睛向其他人展示我们正在想着的事情。我们看着别人是为了让其他人知道我们正想着他们，倾听他们，和他们交谈，或与他们分享我们的经历；就理解而言，为了能明白其他人正想着什么，周围正在发生什么以及他人的计划是什么，我们用自己的眼睛去收集信息。

在我们今天读的故事里，埃文、埃莉、杰西和莫莉乘坐火箭去外太空旅行。他们遇到了好奇的外星人。正如故事所描述的，外星人和孩子们试图沟通但他们说的不是同一种语言。孩子们需要学习用眼睛思考，从而搞明白外星人正看着什么，如何将其与他们所想的联系起来以及他们下一步会做什么。

你需要使用词组"用眼睛思考"，而不是对行动做出指示，例如"看着我"或者"用眼神交流"。当孩子们学会用他们的眼睛思考，他们开始理解观察其他人以及周围环境的目的。当你用眼睛思考的时候，你就融入了一个主动的过程，这个过程帮助你确定他人正想着什么，他们感受怎么样，以及紧接着会如何反应。这不仅仅只是简单的"看"，还需要加入思考！

一个人正看着的往往就是他或她正想着的。我们可以通过别人所看着的东西去聪明地猜测他们正想着的人或事。例如，当你和朋友交谈的时候，他正看着你，这代表他正想着你以及你对他说的话。当我们看着其他的东西而不是和我们交谈的那个人时，比如墙上的一幅画，我们传递的信息是，我们想着那幅画而不是和我们交谈的那个人。因为"看着"意味着"想着"。

眼睛就好像箭头，它射向某人正看着的事物，很可能也是他或她正想着的事物。

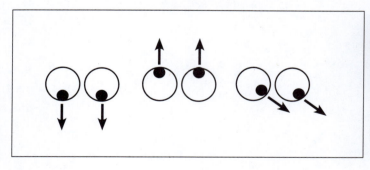

家庭活动

活动 1
一起做饭并且只用眼睛思考你要做的东西和你想加入的调料。例如,做一个蛋糕,并将所有的调料都摆在桌面上。告诉孩子,"我会看着并想着我想要的调料。"轮到加鸡蛋的时候,看着你的孩子然后再看向鸡蛋。口头鼓励孩子:"用你的眼睛思考:我正看着什么,正想着什么?"如果在厨房里,你有2个及以上的帮手,用你的眼睛思考,这次轮到谁来加调料了。

活动 2
利用日常生活的任何机会仅仅用眼睛示意你要的东西。例如,你可能正准备出门并注意到你的车钥匙在桌上。告诉孩子:"在我离开以前,我需要帮助。用你的眼睛思考。你能告诉我什么是我正看着的并想的东西?"将你的目光锁定钥匙,而不是在孩子和物体之间移来移去,这样就不会使孩子产生疑惑。

活动 3
玩一个轮替的游戏,你正看着谁(以表示你正想着谁)就表示下一个轮到的就是谁。

活动 4
当需要孩子做出选择的时候,让他或她看向心仪的物品。例如,在餐桌上,一手拿着牛奶盒,一手拿着果汁。要求孩子用他或她的眼睛思考,"告诉我你想要哪个。"然后更换角色,让孩子去猜你想要的饮料。和餐桌上的每个人玩这个游戏。

活动 5
当你和孩子一起读故事的时候,找机会去捕捉目光并且谈论书中的角色所看到的和想着的内容。参考本书所带的图片作为例子。

在这里,孩子们正看着太空岩石并且正想着太空岩石!

单元 4

身体在小组中

《告家长书》和家庭活动

在《身体在小组中》这个故事中，埃文、埃莉、杰西和莫莉一起去海洋旅行。他们的计划是找到一颗鲨鱼牙齿，而且他们很快意识到他们需要互相考虑并且齐心协力才能找到它。他们让自己的身体保持在一个小组中，他们最终找到了鲨鱼的牙齿……以及他们意想不到的东西！

在我们的社交思维小组中，我们需要了解"身体在小组中"的概念。让自己的身体处于小组中意味着和周围人保持舒适的距离，不要太近，也不要太远。当你的身体在小组中，会向别人传达非言语信息，你对他们感兴趣并且你和他们一起执行相同的计划。反之亦然。如果你的身体和周围人离得太远，在小组之外的时候，会传达你没有考虑小组的非语言信息。虽然我们经常意识到在对话中语言和说话内容的重要性，但同样重要的是理解身体上的接近也是社交互动成功的关键因素。

身体在小组中

身体不在小组中

家庭活动

活动 1　在日常生活中使用"身体在小组中"这一词汇。请记住，任何时候两个人共享空间时，他们都被视为一个小组。因此，当你和你的孩子独处时，或者当全家在一起时，你可以使用这个词汇。试试以下例子：

- "当全家人的身体都在小组中的时候，我们可以开始看电影。"
- "到吃晚餐的时间，全家每个人的身体都在小组中，坐在桌边。我们可以一起吃晚餐啦！"
- "当你离开桌子时，你的身体就离开小组了，这让我觉得你吃完饭了。"
- "当我们一起在杂货店购物时，记住让你的身体在小组中。"

活动 2

和你的孩子一起浏览相册。看看照片中人物的身体什么时候在小组中，什么时候不在小组中。

活动 3

寻找机会，在外观察别人的身体在小组中还是在小组外。比如，在餐馆里，许多人保持自己的身体在小组中。也不要把自己局限于一群人中。比如，一个学龄前儿童和家人一起去水族馆游玩。当他们观赏鱼群时，她说："妈妈快看，那条鱼的身体在小组外了。"

活动 4

音乐活动

"木头人"游戏

- 全家人一起玩游戏。打开音乐一起跳舞，在任意某个时刻，暂停音乐并说"木头人"。
- 在"木头人"的同时观察和讨论大家身体的位置。大家是在一个小组中吗（彼此相距大约一臂远），还是每个人分散在房间各角落里？谁的身体还在小组中？谁的身体在小组外？活动的目的不是一定要在小组中，而是观察和讨论发生了什么。

Hocky Pokey

一起听或唱"Hokey Pokey"。在歌曲中，每个身体部分都被置于小组中或都在小组外！使用"身体在小组中"这个词汇时一起唱歌跳舞。

单元 **5**

全身倾听

《告家长书》和家庭活动

在我们的社交思维小组里,我们学习了"全身倾听"的概念(Truesdale, 1990)

"全身倾听"就是当你的眼睛、耳朵、嘴巴、手、手臂、腿和脚都保持平和安静。全身倾听帮助你注意到你周围的人在做什么,也能让别人知道你正在想着他们。

探索这个概念帮助我们意识到我们在小组中时我们如何倾听,以及当他人说话时我们传递的非语言信息。如果能用全身倾听,然后关注并想着小组,就为成功的沟通和互动奠定了基础。

在这次探险中,埃文、埃莉、杰西和莫莉去了动物园。他们学到了,当他们的身体部位平和安静时,能让其他人知道他正在想着别人。当他们用全身倾听时,他们去看了许多动物,学到了很多,每个人都很高兴能彼此在一起。

在这个例子中,埃莉和莫莉没有全身倾听。

每个人都在全身倾听,就连猎豹也高兴了!

家庭活动

活动 1

帮助你的孩子准备好全身倾听！在你们一起开始一项活动之前，比如阅读之前，使用语言来提醒孩子全身倾听，每次使用一个身体部位（耳朵、眼睛、手臂、手、肚子、屁股、腿和脚）。"该用眼睛倾听了；你得把眼睛朝向我。""该用手倾听了；得把手安静地放在腿上"。

活动 2

当你的孩子正全身倾听的时候，指出来。"我看到你正全身倾听。你的手在倾听，你的脚在倾听，你的眼睛在倾听……"诸如此类。

活动 3

帮助你的孩子注意到他或她没有全身倾听的时候。"糟啦，你的眼睛没有听！我想要你用眼睛想着我的时候，你的眼睛却在看你的玩具！"。提供一些建议，告诉孩子全身倾听应该怎么做。"向我展示你在想着我，就要用眼睛倾听。现在，你的眼睛正在看我，你的双手也不再动，你正面向我。现在，我知道你全身倾听了。"

活动 4

玩一个有关身体部位的游戏或拼图。土豆头先生是一个很好的例子。把身体部位卡片放进一个袋子或把他们藏进一个放满米或豆子的桶里，把身体部位找出来，把它们拼成一个身体。说一说土豆头先生怎样展示自己全身倾听的，并指出这对土豆头先生来说很难，因为他的身体部位都分开啦！

附录D 记录目标的想法

在每个单元结束时，花一些时间来回顾学生的社交意识和反应，并评估他们在本单元和后续单元涵盖领域中的能力，这一点很重要。如果你接触本书已经很久了，你现在可能会意识到，或者你可能已经知道，社交思维和社交功能是复杂的、多方面的和多维的。我们建议使用评分表，因为有严格绩效的目标不适合我们希望传授给学生的灵活社交思维类型。

附表1是用评分标准编写的。我们不可能列出可以作为治疗目标的每一个概念、技能和行为。使用这些作为参考，帮助你组织看法和观察，以设立适合每个孩子可完成的目标。

概念：理解自我和他人

当提供他或她自己或他人在社交场景（例如，与同龄人一起玩耍）中的照片时，学生将通过展示在_____（日期）前识别自己和他人的想法或感受，比基线高一分来衡量变化；如通过以下评分标准：

（基线：评分＝_____）

注意：这可以通过将孩子和他人的想法或感受分成2部分来划分为2个较小的目标。

附表1 单元1评分细则

项 目	1	2	3	4
想法或感受——理解自我	给照片中的玩具或儿童贴上标签，没有提及与自己有关的想法或感受	陈述至少一种合乎逻辑的想法表达他/她们可能一直在想什么	陈述至少一种合乎逻辑的想法表达他/她们可能一直在感受什么	陈述至少一种合乎逻辑的想法表达他/她们可能一直在想什么和感受什么
想法或感受——理解他人	给照片中的玩具或儿童贴上标签，没有提及与他人有关的想法或感受	陈述至少一种合乎逻辑的想法表达别人可能一直在想什么	陈述至少一种合乎逻辑的想法表达别人可能一直在感受什么	陈述至少一种合乎逻辑的想法表达别人可能一直在想什么和感受什么

概念：小组计划

1. 通过下面的项目来衡量：在结构化或非结构化的活动中，学生们将提升他们判断小组的其他人在做什么（小组计划）的能力（用分来计算）。

（基线：评分=＿＿＿＿＿＿＿）

注意：目的/目标可以通过结构化或非结构化被一分为二，也可以都放在一个评分细则里（1代表结构化程度更高，3代表需要最少辅助）。

2. 通过下面附表2的评分细则来衡量：当直接问学生时，他们将能够区分遵从个人计划还是小组计划（至少2分）。

（基线：评分=＿＿＿＿＿＿＿）

附表2　单元2评分细则

项　目	1	2	3	4
理解小组计划	在没有提示的情况下，很难注意到其他人	在同时给予视觉和口头提示时，能够说出小组计划（适度辅助）	在给予视觉**或**口头提示时，能够说出小组计划（最少辅助）	当被问及"这个计划是什么"时，能够说出小组计划
区分小组计划与个人计划	不能理解概念	可以确认其他人何时在遵循小组计划或个人计划	当他/她在遵循小组计划或她/她自己的计划时，可以确认	能够陈述，画出或以其他方式展示自己了解个人计划和小组计划的概念
遵循小组计划	在没有提示的情况下，很难注意到其他人	在同时给予视觉和口头提示时，能够遵从小组计划（适度辅助）	在给予视觉**或**口头提示时，能够遵从小组计划（最少辅助）	能够指出和遵循小组计划

概念：用眼睛思考

1. 学生们通过有组织的活动（如一个游戏）去决定轮到的那个人，这可以提高他们"用眼睛思考"的能力（通过移动点到初始水平以上）。这种能力可以采用附表3的评分细则进行衡量：

   （基线：评分＝＿＿＿＿＿＿）

2. 通过＿＿＿＿＿＿衡量的等级为＿＿＿＿＿＿，在有组织的活动中，孩子在静止的社交场景中（图画、录像停止画面、社会景象），能用手指出或给出目光注视方向的例子，他们"用眼睛思考"的能力会得到提高。

   （基线：评分＝＿＿＿＿＿＿）

附表3　单元3评分细则

项　目	1	2	3	4
目光注视 **观察其他人的** **目光注视**	在没有提示的情况下，很难注意到其他人	同时给予视觉和口头的提示后，能够指出注视方向 （适度辅助）	给予视觉**或**口头提示后，能够指出注视方向 （最少辅助）	当问到"他们在看什么？"的时候，能够指出注视的方向
目光注视 **使用目光注视** **去做一个选择**	对于概念不理解	同时给予视觉和口头的提示后，能够通过注视的方向做出选择 （适度辅助）	给予视觉**或**口头提示后，能够通过注视的方向做出选择 （最少辅助）	能够通过注视的方向做出选择
（年龄更大或能力更强的孩子） **当观察其他人的目光和注视方向时……**	在没有提示的情况下，很难注意到其他人	同时给予视觉和口头的提示后，能够想到其他人可能在计划什么 （适度辅助）	给予视觉**或**口头提示后，能够想到其他人可能在计划什么 （适度辅助）	能够想到其他人可能在计划什么

概念：身体在小组中

1. 提供学生自己或别人在社交场景中（如与同龄人一起玩耍）的一张照片或一段视频，学生能够识别他们自己或别人的身体是在小组之中还是在小组之外，按照附表4评分细则衡量，到＿＿＿＿＿（日期）与基线等级相比增加1分。

（基线：评分=＿＿＿＿＿）

注意：目标/目的可被分为两个部分，按照结构化部分和非结构化部分分别衡量或者两者按照同一个评分细则衡量，1代表结构化程度更高，3代表需要最少辅助。

附表4　单元4评分细则

项　目	1	2	3	4
观察小组中别人的身体	在没有提示的情况下，很难注意到其他人	在同时给予眼神和口头提示时，才能指出同伴的身体何时在小组中（适度辅助）	在给予眼神或口头提示时，能指出同伴的身体何时在小组中（最少辅助）	当被问及"哪些孩子的身体在小组中"时，能够指出同伴的身体何时在小组中
观察小组中自己的身体	在没有提示的情况下，很难进行自我观察	在同时给予眼神和口头提示时，才能指出自己的身体何时在小组中（适度辅助）	在给予眼神或口头提示时，能指出自己的身体何时在小组中（最少辅助）	能够指出自己的身体何时在小组中

2. 学生提高了他们与周围人保持舒适距离的能力（不要太近，也不要太远），按照附表5评分细则衡量，到＿＿＿＿＿（日期）与基线等级相比增加1分。

（基线：评分=＿＿＿＿＿）

附表5　单元4评分细则

项　目	1	2	3	4
保持身体在小组中	在没有提示的情况下，很难注意到其他人	在同时给予眼神和口头提示时，才能让身体与同一小组的其他人保持舒适的距离（适度辅助）	在给予眼神或口头提示时，能让身体与同一小组的其他人保持舒适的距离（最少辅助）	能让身体与同一小组的其他人保持舒适的距离

概念：全身倾听

1. 在各种教室活动中（如圆圈围坐时间、桌游）观察其他学生时，学生应当能够指出全身倾听的使用方法，按照附表6评分细则衡量，到＿＿＿＿＿＿（日期）与基线等级相比增加1分。

   （基线：评分＝＿＿＿＿＿＿）

2. 在结构化和非结构化活动中观察其他学生时，学生应当能够指出全身倾听的使用方法，按照以下评分细则衡量，到＿＿＿＿＿＿（日期）与基线等级相比增加1分。

   （基线：评分＝＿＿＿＿＿＿）

   注意：目标或目的可被分为两个部分，按照结构化部分和非结构化部分分别衡量或者两者按照同一个评分细则衡量，1代表结构化程度更高，3代表需要最少辅助。

3. 在各种教室活动中（如圆圈围坐时间、桌游）观察其他学生时，学生应当能够指出全身倾听的使用方法，按照以下评分细则衡量，到＿＿＿＿＿＿（日期）与基线等级相比增加1分。

   （基线：评分＝＿＿＿＿＿＿）

附表6 单元5评分细则

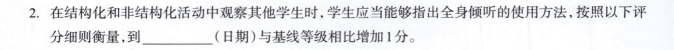

项　目	1	2	3	4
在他人身上观察到全身倾听	在没有提示的情况下，很难注意到其他人	在各种活动中观察其他学生时，给予视觉和言语提示时，学生能够指出他人在全身倾听（适度辅助）	在各种活动中观察其他学生时，给予视觉或言语提示时，学生能够指出他人在全身倾听（最少辅助）	在各种活动中观察其他学生时，被问到"他们是在全身倾听吗"，学生能够指出他人在全身倾听
在全身倾听	没用自我监督	给予视觉和言语提示时，学生能够全身倾听（适度辅助）	给予视觉或言语提示时，学生能够全身倾听（最少辅助）	能够全身倾听

附录E 教学时刻

① 《想想法与感受情绪》

第11页

掷骰子：你的身体可以做什么？

在开始这项活动之前，向学生展示骰子上不同身体部位的图片。当你展示嘴巴的图片时，拿出你的说话泡泡道具。然后展示故事书（第11页）中杰西的插图，并说明当我们看到说话泡泡时，这意味着话是某人说出来的。在这个插图中，杰西正在说话，所以我们看到了一个说话泡泡。

掷其中一个骰子。骰子朝上的身体部位将是你的关注点。指着自己相应的身体部位，举几个例子，说明你可以用它做什么。例如："我用脚走路、跑步和跳跃。"然后让小组其他成员一起做这些动作。"现在，让我们都用脚跳。现在，让我们都用脚走路。"

让孩子们轮流掷骰子并分享他们的想法。

其他身体部位的例子包括：

- 手：投掷、绘画、搭建。
- 嘴巴：吃、说、唱。（让学生说话时把说话泡泡道具放在嘴边）
- 眼睛：眨眼、看、看别人。
- 耳朵：被动地听、主动地听。

替代选择：如果你没有骰子，请使用单独的卡片或玩具道具。例如，土豆先生的道具效果很好用。将它的身体部位放在一个袋子里，让孩子们轮流从袋子里挑选。

第13页

让学生触摸他们的头部和胸部，以表示他们的大脑和心脏的位置。说一说它们在我们的身体内是如何的。

第15页

向学生展示你制作的想法泡泡道具。

第 17 页

音乐活动:《想法产生的地方》(曲目 1)

- 向所有孩子分发想法泡泡道具。
- 在开始播放音乐之前,告诉他们将聆听"想法"这个词。听到这个词,他们可以将想法泡泡道具举过头顶。
- 和孩子一起听歌词(表演拍手、踩脚等)。当你听到"想法"这个词时,把你的想法泡泡举起来。

第 19 页

指出故事中的每个角色在怎样想这个游戏,以及他们在一起时,怎样想其他孩子的。例如,埃文正在想与埃莉、杰西和莫莉一起玩球类游戏。他正在想比赛,并想小组中的其他孩子。埃莉正在想与埃文、杰西和莫莉等人打球。你的目标是介绍这个概念,即我们在想正在做的事情的同时也想周围的人。

"我在想什么……找到它"游戏

一开始,每个人都站起来。将你的想法泡泡高举过头顶。在想法泡泡中放置一个彩色方块,然后对小组成员说:"我在想一些东西(红色的)。"告诉学生找到某样东西(红色)并用手触摸它。例如,一个孩子可能会摸一把红色的椅子,另一个孩子可能会摸一个红球。允许多个孩子触摸同一件物品。当每个人都在触摸(红色)物品时,请说:"我们都在想(红色的)东西!"换一个新颜色继续进行这个游戏。

第 20 页

问你的学生:"除了生气、害怕、快乐和难过之外,你还知道哪些其他表达感受的词汇?"

第 24 页

讨论不同的角色,指出他们心脏的位置,以及每个角色的相关感受。

第 26 ～ 29 页

当你阅读这几页时,请使用道具来表演书中的场景。将一张艺术作品撕成两半,让蜘蛛木偶或玩具四处爬行,吹泡泡,然后在地上丢一勺玩具冰激凌。在每一页,让你的学生想象他们在这种情况下的感受。让学生站起来,一起表演不同的感受。鼓励他们展示每种情绪的各种面部表情和肢体动作。请记住,这项活动的主题是自我意识,而不是脱离情境去解读他人的情绪。我们希望学生想一想在不同情绪体验时他们的面部表情和肢体动作以及感受。

音乐活动:《告诉我你的感受》(曲目2)

- 和孩子一起听歌词,这样孩子们就可以练习用他们的面部表情和肢体动作来表达各种感受。
- 如果孩子们记不住不同的情绪看起来是什么样的,请再次阅读故事中的那些页面,使用表情或情绪图标或杂志中的图片等,并在歌曲播放过程中,张贴在附近作为参考。

第31页

问学生:"莫莉如何看出埃文很生气?他的面部表情和肢体动作有什么提示?"

第34页

让孩子们注意每个角色自己的想法。埃文想如何加入积木城市?埃莉呢?杰西呢?莫莉呢?

② 《小组计划》

在阅读这个故事之前,回顾前面单元所介绍的与想法和感受相关的概念。

- 给想法泡泡贴上标签(很多时候孩子们认为它是一朵云)。
- 提醒小组成员,想是大脑的"工作"。
- 提醒学生关于故事1中与感受相关的概念。我们讨论了哪些情绪(快乐、难过、生气、害怕)? 我们如何判断别人何时有情绪以及这种情绪是什么?(我们从他们的面部表情和肢体动作寻找线索)。让学生们看看这个故事的最初插图,让孩子们说一说他们观察到这个人物的面部表情是如何的。例如,"看看埃莉的脸。她的感受如何? 你是如何判断的?"

引导孩子们对人物下一步的行动做出"聪明地猜测"。提出引导性问题,并指出插图中与这个故事内容有关的细节(如谷仓和农场动物)。

- 你看到了什么?
- 孩子们在想什么?
- 孩子们要去哪里?

介绍故事里新的词汇概念:"今天我们会读到埃文、埃莉、杰西和莫莉在农场的故事。我们会学习一些新内容——'小组计划'。"

第12页

指着说话泡泡,向孩子们解释在插图中奶奶在说话。我们从她嘴边的说话泡泡可以看出,这与想法泡泡非常不同,想法泡泡展现了我们脑海中的文字。当我们看到说话泡泡时,这意味着故事中的人物在说话。

第14页

看看插图中发生了什么。没有埃文的帮助,他们就不能摘到苹果。杰西不能独自扶起沉重的梯子,埃莉也够不到树上的苹果,而莫莉唯一能找到的苹果里面却有一条毛毛虫。

第15页

注意所有孩子的面部表情。我们如何判断孩子们是快乐的呢？我们从他们面部表情和肢体动作找到了什么线索？

第18页

问学生："谁没有遵循这个计划？""埃文为什么会感到不高兴？"提示学生看插图，然后让他们说一说他们观察到的人物面部表情是如何的。注意杰西和莫莉可以一起拎桶，但埃文感到很不开心，因为它太重了，他一个人拎不了。当小组有成员遵循个人计划时，这可能会让其他人觉得不开心。

第19页

问学生："埃莉做了什么让埃文感到开心？"提示学生看插图，然后让他们说一说他们观察到的人物面部表情是如何的。"你们看，每个人都很开心，因为他们在互相帮助。当埃莉遵循小组计划时，埃文就变得开心了"。

第22页

提示学生看插图，然后让他们说一说他们观察到的人物面部表情是如何的。例如，"看看埃莉的脸。她的感受如何？你是如何判断的？"

第23页

问学生当杰西改变了他的计划，小组变得有什么不同？"现在小组里每个人觉得怎么样？你是如何判断的呢？"

第26页

莫莉在碗里加了不能放入馅饼的配料！提示他们看插图，问学生，让他们猜一猜故事里人物的想法和感受。"你觉得埃文、埃莉和杰西会怎么想莫莉呢？""孩子们的感受如何？""你觉得他们喜欢这混合物的味道吗？""我们是如何得知的？我们找到了什么线索？"

第27页

提示学生："每个人都在遵循小组计划！每个人觉得如何？"

❸《用眼睛思考》

教学时刻

在阅读这个故事之前,回顾前面单元所介绍的相关的概念。

引导孩子们对人物下一步的行动做出"聪明地猜测",提出引导性问题,并指出插图中与故事内容有关的细节(如火箭和星球)。

- 你看到了什么?
- 孩子们在想什么?
- 孩子们要去哪里?

介绍故事里新的词汇概念:"今天我们会读到埃文、埃莉、杰西和莫莉出发去外太空的故事,我们会学习一些新内容——'用眼睛思考'。"

第12页

孩子们跳下火箭,看着这颗外星球。孩子们没有看到外星人,但外星人看到了他们。
注意:如果一些学生不熟悉"外星人"这个词,则需要另外花时间来学习这个词汇。你要给他们看故事里的插图,并告诉他们:外星人就是住在宇宙中的生物。

第14页

注意插图上连接孩子的眼睛和太空岩石的虚线箭头,用你的手指勾画这些线条,这样学生就能很清楚地看到眼睛注视的方向和物体之间的关系。

第15页

勾画孩子们的眼睛和太空岩石之间的线条,包含有太空岩石的想法泡泡,帮助强调他们正在看着和想着那些石头。

第 17 页

尽管插图里没有箭头，也可以勾画外星人的眼睛和背包之间的线条。此外，含有背包的想法泡泡能帮助强调外星人正在看着和想着背包。

第 25 页

在你翻到这页以前，让学生猜测外星人正在看着和想着什么。

第 28 页

问学生："你们认为外星人想用这些靴子做什么？他的计划是什么？"

第 31 页

找机会观察每一个外星人，让学生猜测每个外星人各自看着和想着的对象。

第 34 页

问学生："你是怎么知道孩子们正在想着彼此？他们正在看着彼此。"

4 《身体在小组中》

教学时刻

在阅读这个故事之前,回顾前面单元所介绍的相关的概念。

引导孩子们对人物下一步的行动做出"聪明地猜测",提出引导性问题,并指出插图中与故事内容有关的细节(如海底的动物)。

- 你看到了什么?
- 孩子们在想什么?
- 孩子们要去哪里?

介绍故事里新的词汇概念,"今天我们会读到埃文、埃莉、杰西和莫莉的海洋探险。我们会学习一些新的内容——'身体在小组中'。"

第11页

这里有很多章鱼,但它们的身体并不在一起,它们不是一个小组。你能找到其他小组吗?你还能找到什么?

向学生提出,小组有大有小,甚至2只动物也可以组成一个小组。

向学生展示你制作的海洋生物,然后将它们放回袋子里。让每个孩子将手伸入袋子中选择一种动物,轮流把每个海洋生物放在圆圈的中间,这样它们就形成了一个小组。"停一停,做一做"这个活动的目的是让孩子们摆弄动物,看它们进出小组。

第13页

当孩子们的身体靠得太近时,他们会感到不舒服和不安。这里需要特别关注孩子们的面部表情。

第14页

当孩子们身体之间保持合适距离时,注意他们的面部表情和情绪发生了怎样的变化。当他们有活动空间时,他们会觉得更好。

第15页

注意孩子们因彼此之间距离太远而感到不舒服。

第16页

在生活中,无论在哪儿我们都会体验许多不同类型的小组。在这幅插图中,有一小群鱼,它们是学校里的一个小组!

第18页

这幅插图提供了讨论另一个小组的机会——一个基于共同活动的小组。注意螃蟹,2只螃蟹在一个音乐小组中一起演奏乐器。注意那只吹号角的螃蟹,它的身体离开了小组。

第20页

在这里,我们看到了另一个小组:家庭小组! 毯子上的海龟们正一起分享海草。

第27页

与小组成员进行"聪明地猜测"。角色们在看什么?

⑤ 《全身倾听》

教学时刻

在阅读这个故事之前，回顾前面单元所介绍的相关的概念。

引导孩子们对人物下一步的行动做出"聪明地猜测"，提出引导性问题，并指出插图中与故事内容有关的细节（如动物园的动物）。

- 你看到了什么？
- 孩子们在想什么？
- 孩子们要去哪里？

介绍故事里新的词汇概念："今天我们会读到埃文、埃莉、杰西和莫莉去动物园。我们会学习一些新的内容——'全身倾听'。"

第12页

花一点时间把故事中发生的事和你教室中的真实情景联系起来。你的学生在全身倾听吗？提供积极的反馈，引起人们对预期的关注。比如，"我看到鲁比的手和脚正在倾听，布兰达的嘴巴正在倾听。卡洛斯正在全身倾听。"

第13页

孩子们知道要去哪儿，因为他们正在全身倾听。

第14页

在插图中，埃文的话正在被其他孩子的动作"打断"。尽管其他人没有说话（这是我们平常想到的打断），他们手臂的大动作令人分心，发出的噪声让埃文停止分享信息。他们的动作传达出他们没有听埃文说话，所以埃文不再继续说了。插图（和后续相似的插图）传达了这个概念：埃文的话正在被其他孩子的**动作**打断。

第 16 页

不仅是埃莉对小组中其他孩子的动作感到不舒服,火烈鸟也是! 它们不喜欢多余的动作和噪声。注意:在所有插图中,动物也在沟通想法和感受!

第 17 页

现在,孩子们都在全身倾听,火烈鸟也再次觉得舒服了。

第 20 页

注意尽管莫莉没有说话,她正在尝试把孩子们的注意力引到猴子身上。他们舞动的双手让莫莉觉得他们没有注意到她。

第 22 页

埃文和杰西感受怎么样? 你是怎么知道的? 你在他们的面部表情和肢体动作找到什么线索? 莫莉和埃莉感受怎么样? 你是怎么知道的? 讨论一下,当我们没有全身倾听时,其他人当时的感受可能和我们不一样。比如,埃莉和莫莉觉得开心但没有倾听。这让埃文和杰西生气了,因为埃莉和莫莉不关心他们周围发生的事情。

第 23 页

现在,杰西和埃文感受怎么样? 他们的想法和感受改变了吗? 你是怎么知道的? 埃莉和莫莉觉得怎么样? 他们改变了自己的做法,现在他们和小组紧密相连了。这让所有人开心。

第 31 页

讨论用全身倾听的正面结果。当他们全身倾听时,他们能用自己的眼睛思考,并且跟上动物管理员的计划。现在小组能玩得开心,喂长颈鹿。

参考文献

Baron-Cohen, S. (2001). Theory of mind in normal development and autism. *Prisme, 34*, 174–183.

Beck, I. L., McKeown, M. G., & Omanson, R. C. (1987). The effects and uses of diverse vocabulary instructional techniques. *The Nature of Vocabulary Acquisition*, 147–163.

Behne, T., Carpenter, M., Call, J., & Tomasello, M. (2005). Unwilling versus unable: Infants' understanding of intentional action. *Developmental Psychology, 41*(2), 328–337.

Bloom, L. (1998). Language development and emotional expression. *Pediatrics, 102(5), e1272.*

Bodrova, E. Leong, D.J. (1996). *Tools of the mind: The Vygotskian approach to early childhood education.* Englewood Cliffs, NJ: Merrill/Prentice Hall.

Carpenter, M., Call, J., & Tomasello, M. (2005). Twelve- and 18-month-olds copy actions in terms of goals. *Developmental Science, 8*(1), F13–20.

Carpenter, M., Nagell, K., & Tomasello, M. (1998). Social cognition, joint attention, and communicative competence from 9 to 15 months of age. *Monographs of the Society for Research in Child Development, 63* (4, Serial No. 255).

Choi, D. H., & Kim, J. (2003). Practicing social skills training for young children with low peer acceptance: A cognitive-social learning model. *Early Childhood Education Journal, 31*(1), 41–46.

Crooke, P. J., Hendrix, R. E., & Rachman, J. Y. (2008). Brief report: Measuring the effectiveness of teaching social thinking to children with Asperger syndrome (AS) and high functioning autism (HFA). *Journal of Autism and Developmental Disorders, 38*(3), 581–591.

Farroni, T., Csibra, G., Simion, F., & Johnson, M. H. (2002). Eye contact detection in humans from birth. *Proceedings of the National Academy of Sciences of the United States of America, 99*(14), 9602–9605.

Gilliam, W. S. (2005). *Prekindergarteners left behind: Expulsion rates in state prekindergarten systems.* Foundation for Child Development *Policy Brief Series 3.* New York, NY: Foundation for Child Development.

Greene, R.W. (1998; 2001; 2005). *The Explosive Child: A New Approach for Understanding and Parenting Easily Frustrated, Chronically Inflexible Children.* New York: Harper Collins.

Harris, P. L., Kavanaugh, R. D., Dowson, L. (1997). The depiction of imaginary transformations: Early comprehension of a symbolic function. *Cognitive Development*, Volume 12, Issue 1.

Kupyers, L. (2011). *The Zones of Regulation*. San Jose, CA: Think Social Publishing, Inc. Leslie, A. M. (1994). Pretending and believing: Issues in the theory of ToMM. *Cognition*, *50*(1–3), 211–238.

Liebal, K, Colombi, C., Rogers, S. J., Warneken, F., & Tomasello, M. (2008). Helping and cooperation in children with autism. *Journal of Autism and Developmental Disorders*, *38*(2), 224–238.

Meltzoff, A. N. (2005). Imitation and other minds: The "Like Me" hypothesis. In S. Hurley and N. Chater (Eds.), *Perspectives on Imitation: From Neuroscience to Social Science* (Vol. 2, pp. 55–77). Cambridge, MA: MIT Press.

Meltzoff, A. N., & Brooks, R. (2007). Eyes wide shut: The importance of eyes in infant gaze following and understanding other minds. In R. Flom, K. Lee, & D. Muir (Eds.), *Gaze following: Its development and significance* (pp. 217–2n). Mahwah, NJ: Erlbaum.

Meltzoff, A. N., & Brooks, R. (2009). Social cognition and language: The role of gaze following in early word learning. In J. Colombo, P. McCardle, & L. Freund (Eds.), *Infant pathways to language: Methods, models, and research directions* (pp. 169–194). New York: Psychology Press/Taylor Francis.

Meltzoff, A. N., & Decety, J. (2003). What imitation tells us about social cognition: A rapprochement between developmental psychology and cognitive neuroscience. *Philosophical Transactions of the Royal Society of London. Series B, Biological Sciences*, *358*(1431), 491–500.

Miller, E. and Almon, J. (2009). *Crisis in the Kindergarten: Why Children Need to Play in School*. College Park, MD: Alliance for Childhood.

Prizant, B. M., Wetherby, A. M., Rubin, E., Laurent, A, C., and Rydell, P. J. (2006). *THE SCERTS® Model: Volume I Assessment; Volume II Program planning and intervention*. Baltimore, MD: Brookes Publishing.

Rapacholi, B. M., and Gopnick, A. (1997). Early reasoning about desires: evidence from 14–18 month olds. *Developmental Psychology*, *33*, 12–21.

Sautter, E., & Wilson, K. (2011). *Whole Body Listening Larry at School!* San Jose, CA: Think Social Publishing, Inc.

Segal, M. (2004). The roots and fruits of pretending. In E. Zigler, D. Singer, & S. Bishop-Josef (Eds.), *Children' Play: The roots of reading* (pp. 33–48). London, UK: Zero to Three Press.

Shonkoff, J. P., & Phillips, D. A. (Eds.) (2000). *From Neurons to Neighborhoods: The Science Of Early Childhood Development*. Washington, DC: National Academy Press.

Slaughter, V., Dennis, M. J., & Pritchard, M. (2002). Theory of mind and peer acceptance in preschool children. *British Journal of Developmental Psychology*, *20*(4), 545–564.

Tomasello, M. (1995). Joint attention as social cognition. In C. Moore, P.J. Dunham (Eds.), *Joint attention: Its origins and role in development* (pp. 103–130). Hillsdale, NJ, England: Lawrence Erlbaum Associates, Inc.

Tomasello, M. (2009). *Why We Cooperate*. Cambridge, MA: MIT Press.

Tomasello, M., Carpenter, M., Call, J., Behne, T., & Moll, H. (2005). Understanding and sharing intentions: The origins of cultural cognition. *Behavioral and Brain Sciences*, *28*(5), 675–735.

Truesdale, S. P. (1990). Whole-body listening: Developing active auditory skills. *Language, Speech, and Hearing Services in Schools*, 21(3): 183–184.

Vermeulen, P. (2012). *Autism as Context Blindness*. Overland Park, KS: AAPC Publishing.

Warneken, F., & Tomasello, M. (2008). Extrinsic rewards undermine altruistic tendencies in 20-month-olds. *Developmental Psychology*, *44*(6), 1785–1788.

Wilson, K., and Sautter, E. (2011). *Whole Body Listening Larry at Home!* San Jose, CA: Think Social Publishing, Inc.

Wimmer, H., & Perner, J. (1983). Beliefs about beliefs: Representation and constraining function of wrong beliefs in young children's understanding of deception. *Cognition, 13* (1): 103–128.

Winner, M.G. (2005). *Think Social! A Social Thinking Curriculum for School-Age Students*. San Jose, CA: Think Social Publishing, Inc.

Winner, M.G. (2007). *Thinking About YOU Thinking About ME*. San Jose, CA: Think Social Publishing, Inc.

Vygotsky, L. S. (1966). Play and its role in the mental development of the child. *Soviet Psychology, 5:* 6–18.